中国華僑出版社
北京

图书在版编目（CIP）数据

每天半小时读懂《论语》/李飞编著．—北京：中国华侨出版社，2018.2

ISBN 978-7-5113-7340-3

Ⅰ．①每… Ⅱ．①李… Ⅲ．①儒家②《论语》—研究 Ⅳ．①B222.25

中国版本图书馆CIP数据核字（2018）011303号

● 每天半小时读懂《论语》

编　　者/李　飞
责任编辑/桑梦娟
封面设计/一个人·设计
经　　销/新华书店
开　　本/710毫米×1000毫米　1/16　印张/16　字数/221千字
印　　刷/北京一鑫印务有限责任公司
版　　次/2018年3月第1版　2019年8月第2次印刷
书　　号/ISBN 978-7-5113-7340-3
定　　价/39.80元

中国华侨出版社　北京市朝阳区静安里26号通成达大厦3层　邮编100028
法律顾问：陈鹰律师事务所
编辑部：（010）64443056　64443979
发行部：（010）64443051　传真：64439708
网　址：www.oveaschin.com
E-mail：oveaschin@sina.com

前言

PREFACE

《论语》，主要记录孔子及其弟子的言行，由其弟子和再传弟子整理编纂而成，为儒家学派的传世经典。此书虽非孔子亲笔所书，但却集中体现了孔子儒家思想的精髓。

我国自古就有“半部《论语》治天下”之说，从古至今，无论是在士人还是普通民众中间，《论语》一书都被中国人奉为精神向导的经典。《论语》作为中国文化的精粹，其主张的思想几乎覆盖到中国古代2000余年的政教体制、社会习俗、心理习惯和行为方式之中。《论语》虽篇幅不长，但可以说字字如金，处处是宝。读此经典虽不能作攫金之用，但可以获得哲思之真金；虽不能淘实物之宝，但可以撷取智慧之瑰宝。这些金玉良言，足以教会人们如何正确地为人、处世、交友、学习、修身、治家、管理，有助于人们提炼成功智慧，开创人生事业，创造生活财富等。曾经有一位西方学者预

言：如果人类要在21世纪生存下去，须到中国孔夫子那里去吸取智慧。

的确，在21世纪，现代人的世界里出现了诸多问题，譬如心理危机、道德危机、生化危机、价值危机、健康危机等。若能在闲暇之余静下心来，回眸这部国学经典，想必可以为我们提供提升生命价值的良知、良能、良策、良药。如果我们可以客观对待心里的迷茫，带着诸多的“问题意识”，以虔诚之心叩问《论语》，那么，就真的可以从《论语》里品味出许多鲜活的现代智慧来。

本书在精研《论语》的基础上，选取《论语》中的精华思想进行了精确细致的释义和智慧解析，不但能够为文学爱好者提供若干研究线索，更便于普通读者正确理解《论语》中的主张和所蕴藏的现代智慧，实为雅俗共赏之佳作。

本书汇集了孔子为人处世智慧的精髓，对于如何提高个人修养，如何在社会上立足，如何学习等问题进行了深刻透彻的论述，并且还通过一个个生动的故事，让读者更加深刻地领悟孔子言论中的智慧。翻开它，相信定能让你受益匪浅。

目 录

◎ 第四卷　不怨天，不尤人

——深悟《论语》生活智慧

◎ 第五卷　君子和而不同

——深悟《论语》交友智慧

◎ 第六卷　中庸之为德

——深悟《论语》处世智慧

◎ 第七卷　君使臣以礼

——深悟《论语》管理智慧

◎ 第八卷　敬其事而后其食

——深悟《论语》工作智慧

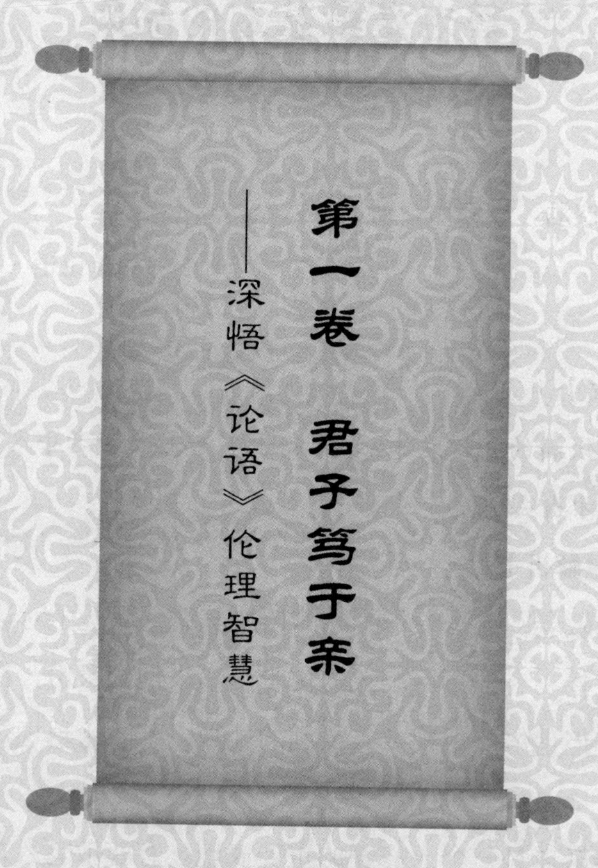

第一卷 君子笃于亲

——深悟《论语》伦理智慧

尊老是最基本的品质

乡人饮酒，杖者出，斯出矣。

——《论语·乡党》

【释义】

行乡饮酒的礼仪结束后，（孔子）一定要等老年人都出去了，然后自己才出去。

【智慧解析】

尊老敬老，这是中华民族的传统美德，而孔子对这一美德的传承和发扬，有着不可磨灭的贡献。本来他的身份，在众人中是颇高的，但他依然重视乡人饮酒的礼数，不敢逾越规矩走在老年人前面。

尊老敬老是一个人修养的重要表现。有尊敬老人之心，才会有赡养老人的行为。而这种修养，对于一个人的为人处世、持家立业，都是有极大影响的。一个对老人没有敬爱之心的人，是不能对他寄予信任和希望的。

考查一个人的品质与修养，也许从他是否能够尊老敬老、把老人放在心上这个角度入手，能够更容易地获得较深刻的结论。

张良曾在淮阳学礼，又东行拜访沧海君，求得大力士，专制了120斤的铁锥。当时秦始皇向东巡游，行至博浪沙，张良与刺客伏击秦始皇，铁锥误中副车。秦始皇大怒，令大肆搜捕，又急又狠地要抓刺客，张良于是更名换姓，逃到下邳。

一次，张良闲游到下邳一座桥上，有一老翁，穿粗麻短衣，他走到张良身边，故意把鞋子掉到桥下，回头对张良说："小子，下去把鞋拾来！"张良开始很惊讶，但因他是长者就强忍性子，下桥取鞋，就势屈膝替他穿上。

老人伸脚穿上鞋，笑着走了。张良心里很奇怪。老人走了里许又回来，说："小子是可教之材。第五天天亮时，来此同我见面。"张良虽很纳闷，但依然行礼答："好。"

第五天天亮，张良前去，老人已先等在那儿了，他生气地说："与老人约会为何来迟？回去，五天后早些来。"到第五天，张良鸡叫时前往，老人又先到，还是生气地说："为何又来迟了？五天后再早些来。"五天后，张良半夜前去，没多久老人也来了，高兴地说："应当如此。"于是拿出一部书送给张良说："读好了此书可做帝王之师，10年后天下大变。13年后，你会见到我，济北谷城山下的黄石，即是我。"说完就离开不见了。

天明张良再看这部书，原来是《太公兵法》。张良心中感到欣喜异常，常常研读它。其后，秦末农民战争风起云涌，张良选择了跟随刘邦，尽心尽力地辅佐他，终于夺取了天下，建立了汉室

江山。张良被封为留侯，为著名的汉初三杰之一。

心怀敬老之心，知孝道，通大理，自有一番超乎常人的意志和见识。这种人，无论是在做人上，还是处世上，都比一般人要来得实在、顺达。

尊老敬老，不是一种形式，它需要的是真情实感，是要在心灵上给予老人一股永恒的温暖。倘若将敬老爱老拿来作秀，那真的令人心寒，让人不齿。

通过观察我们不难发现，现如今的老人，需要的往往不是物质上的馈赠，更多则是精神上的关怀与抚慰。他们为社会、为我们的今天奉献了一辈子，如今他们所需要的，正是我们这些后辈的理解和尊重。

尊老敬老，这是一切善德的基础，是一切幸福的源泉。尊老敬老绝非一家之事，更不该是一时之风。我们应将尊老敬老作为构建社会风尚的重要内容，由心而发，从点滴处做起，给予可爱的老人最真挚的关爱。

尽孝，最不能等待

子曰："父母之年，不可不知也。一则以喜，一则以惧。"

——《论语·里仁》

【释义】

孔子说："父母的年龄，不可不时时记在心上。一方面因为父母的高寿而高兴，一方面又因他们衰老而有所忧惧。"

【智慧解析】

其实，我们的很多遗憾与悔恨往往就源于自己对自身已有生活的冷漠。相反，我们对自己未曾得到的东西总是充满了渴望与关注，并且孜孜以求。得到的太容易，所以不知道珍惜。得不到的东西，才是最好的。这是人们身上普遍存在的一种很矛盾的劣根性。它让我们在不断追求外在事物的同时，又不断失去了自身所拥有的更加宝贵的财富，譬如父母之爱，试想一下，在这个世界上，难道还有比父母之爱更加无私和伟大的情感吗？

有句话叫"子欲养而亲不待"，不知道出了多少人的心声，人一旦离去，就不可能再回来，你所遗憾的不能用来生补偿，所以

请在父母有生之年献上你最真挚的孝心，不要到失去之时再追悔莫及，不要让自己对着这句话痛哭流涕……

有一次，孔子到齐国去，在途中听到有人哭的声音，而且那声音非常悲哀。于是，孔子对他的家仆说："这哭声悲哀是悲哀，但却不是丧亲的人的悲哀。"结果他们继续驱车上前，刚走了一段路，就看到一个不同寻常的人，只见那人抱着镰刀，戴着生绢（表示守孝），哭的样子却不甚悲哀。

孔子下车之后，追上去向他问道："您是什么人？"那人回答说："我是丘吾子。"孔子问："你现在不是在办丧事的地方，为什么还哭得这么悲伤呢？"丘吾子说："我失去了三样东西，自己发现的时候已经太晚了，现在后悔哪里还来得及啊。"

孔子说："您失去的三样东西，可以告诉我吗？希望您能告诉我，不要隐瞒。"

丘吾子说："我年轻的时候很爱学习，周游天下，后来，失去了我的双亲，这是我的第一失；之后，我又长期辅佐齐君，但是他骄傲奢侈，尽失人心，我作为臣子的职责没有尽到，这是我的第二失；我平生很重视友谊，但朋友现在都已分离，甚至是断绝了联络，这是我的第三失。树想要停下来，但是风却不停；儿子想服侍父母的时候，可是父母却已经去世了。不再回来的是时间，不能够再见的是双亲，请让我现在和您告别，就去投水而死吧。"于是丘吾子便投水自尽了。

孔子后来说："大家一定要记住此事，这足以作为借鉴。"从那以后，孔子的弟子中辞学回家服侍父母的人越来越多。

在当代生活，也发生过一件类似的事情。

一位记者采访比尔·盖茨，找了几次找不到他。终于有一次，在飞机上两个记者抓住了机会，然后问比尔·盖茨，人世间最不能等的是什么？没有想到，比尔·盖茨说的不是机会，也不是什么商机，也不是说什么这个那个不能等。比尔·盖茨对他们说了一句话：世界上最不能等的，莫过于孝敬父母。

比尔·盖茨把这种爱，扩大到团队，最后扩大到全世界，所以，比尔·盖茨拿出 500 亿美元的 35%，捐给慈善基金会。

在《论语》里面，有很多关于亲情具体而入微的论述，这正是因为孔子自己本身就是一个非常重亲情、讲孝道的人。

我们每个人对于自己的生日都能够熟记，而且，在日常的生活当中，肯定还记着朋友、同学、老师等其他人的生日，以便能够随时提醒自己去及时地为他们送去祝福。但是让我们感到遗憾的是，我们当中有许多人却不大能说得清或记下自己父母的生日。

现在认识到自己以前的不足之处，幡然醒悟，还是来得及的。我们应该记住：永远要孝敬自己的父母。特别是当父母的年纪越来越大了，不抓紧时间尽孝，最后留给你的，除了悔恨和自责，那还能有什么呢？

孝养并不是给钱了事

子游问孝。子曰：“今之孝者，是谓能养。至于犬马，皆能有养；不敬，何以别乎？”

——《论语·为政》

【释义】

子游向孔子请教孝道，孔子说：“今天人们所说的尽孝，只是说能够向父母提供衣食生活的物品。如果是这样，那连犬马也有人喂养着。如果向父母尽孝但是又不尊敬他们，那又和喂养犬马有什么区别呢？”

【智慧解析】

“天地之性，人为贵；人之行，莫大于孝……”孝，原本就是没有什么表层道理可讲，因为这是出于人的至诚本性，是一种至情至性、无怨无悔的感情。“孝”字是“子”承“老”下，这说明它包含了相当深厚的感情。

对于孝，孔子有着更深的见解，他认为当时社会提出的孝，“是谓能养”，这是不正确的，因为犬马等牲畜也能得到饲养，倘若孝敬父母没有诚心，那与饲养犬马又有什么分别呢？

孔子在这里强调了“孝”必须是对父母发自内心的“敬”，是一种自觉的伦理意识和道德情感，而不仅仅止于“供养”上。否则就不是真正的“孝”。

有一个儿子回乡为父亲办丧事，办完事后，要他的母亲跟随他进城生活，可是母亲执意不肯离开清静的乡下，说过不惯都市的生活。

后来，儿子并没有勉强母亲，说好以后每个月会寄给母亲300元生活费。这个村子十分偏僻，邮递员每个月只会来一两次。

这几年来，村子里面外出打工的人逐渐增多，所以邮递员在村里出现的日子就是留守老人的节日。每次邮递员一进村就会被一群大妈、大婶和老奶奶围住，争先恐后地问有没有自己家的信件或者包裹，然后又三五成群地聚在一起评说对方的东西，或者是传递自己的喜悦，把这份喜悦与大家一起分享。

有一天，邮递员交给这位母亲一张汇款单，母亲脸上立即洋溢出喜悦，因为这是她的儿子寄来的。这张3600元的高额汇款单在村子里面的大妈、大婶们手里传来传去，每个人都是一脸的羡慕。

又过了几个月，儿子收到了母亲的来信，母亲在信中只有短短几句话，说儿子不应该把一年的生活费一次寄回来，明年寄钱的时候一定要按月寄，一月寄一次。

结果，很快一年就过去了，儿子由于工作缠身，回老家看望母亲的愿望无法实现，儿子本来想按照母亲的嘱咐每个月寄一次

生活费的，但是又担心工作忙怕忘了误事，便又到邮局一次性给母亲汇去3600元。

可是让儿子没有想到的是，几天之后，儿子收到了一张3300元的汇款单，原来是母亲汇来的。正当儿子百思不得其解的时候，收到了母亲的来信。

母亲再一次在信中嘱咐说，要寄就按月给她寄，不然的话她一分也不要，反正自己的钱也够花。

儿子对于母亲的固执非常不理解，但还是按母亲的叮嘱做了。后来，他无意间遇到了一个来城市里面打工的老乡，顺便问起了母亲的近况。

老乡说，你的母亲虽然一个人生活，但是生活得非常快乐，特别是邮递员进村的日子，你的母亲就好像过节一样欢天喜地。收到你的汇款，她都要高兴好几天呢！

儿子听着听着就已经泪流满面了，他直到这个时候才明白，母亲为什么坚持要他每个月给她寄一次钱，原来就是为了一年能有12次快乐。

母亲的心不是在钱上，而是在儿子的身上。

孝能感动天地，因为它是人世间最为真挚的一种情感，孝顺不只是物质赡养那么简单，它需要子女把全部的情感投入其中。

然而今天，许多自以为“孝”的人，实际上却把孝行完全形式化、浅薄化了，每月寄上点钱，就算完成“任务”了。更有甚者，不仅不把父母放在心上，而且把他们看作是一种负担，实际上早已背离孝道了。

一首歌中唱道："常回家看看，回家看看，哪怕帮妈妈刷刷筷子洗洗碗，老人不图儿女为家做多大贡献，一辈子不容易就图个团团圆圆。"它表述出了多少父母的心声！

孝是指由父母对子女的爱而反射出子女对父母的敬爱。"孝"应建立在"敬心"之上，孝顺父母要真心实意，如果只有物质奉养而无精神慰藉，则与喂饲犬马无异。子女应该关心体贴父母，一般地说，父母进入中年以后，体力和精力都不及从前了。所以，做子女的要多关心体贴父母，尽可能为父母分担家务劳动，自己料理好个人生活，不让父母操心，减轻父母的负担。同时，当子女的，还应该经常关心父母的身体健康，嘘寒问暖。当父母生病时，更需要细心照料。父母遇到不称心的事，要体贴父母，热心地为他们分忧解愁。父母年老体弱、丧失劳动能力以后，理应得到子女更多的照顾。要在物质上给予充分的帮助，更要在精神上关心、体贴老人。

今天，世界变成了"地球村"，交通、通讯设备日新月异，几千里外，亦可朝发夕至。何况今天想有大的发展，必须放眼世界。但是不管走多远，也应该时时与父母保持联系，以免老人挂念并在精神上给予他们充分的关心与慰藉。

别再让父母为你操心

孟武伯问孝。子曰："父母唯其疾之忧。"

——《论语·为政》

【释义】

孟武伯向孔子请教孝道，孔子说："做子女的，要让父母只需要在自己有病的时候担忧，在其他方面不让他们担忧操心了，这就是孝。"

【智慧解析】

毋庸置疑，每一个人都爱自己的父母，都希望自己的父母能够一生安康。所以，每每有外人伤害自己的父母之时，儿女都会主动为父母"讨个公道"。然而，并不是这样就可以称之为真正的孝顺，因为任何一个人都不会在父母受到欺负时视若无睹。

仔细想想，很多时候恰恰是做儿女的给父母造成的伤害更多，让父母为自己担忧，增添父母负担，而自己却一无所知。其实，在生活之中，外人侵犯父母利益的状况毕竟只是少数，真正令父母愁肠百结的往往是他们的儿女。要知道，外人所带来的伤害，毕竟只是一时的，无须多久自会烟消云散，儿女给予父母的伤害却是经常性的，会让父母的痛苦在心口难开。

所以孔子说："做子女的，要让父母只需要在自己有病的时候担忧，在其他方面不让他们担忧操心，这才是孝。"即，劳苦莫教爹娘受，忧愁莫教爹娘耽。

有这样一个故事，不知大家看过以后会有何感想。

很久以前，有一棵非常大的苹果树。有一个小男孩每天都喜欢在苹果树下玩耍。他有的时候爬树，吃苹果，有的时候在树荫下小睡……这个孩子是那么爱这棵树，而树也爱和他玩。时间过得很快，小男孩慢慢长大了，他不再每天来树下玩耍了。

有一天，男孩再一次来到树下，注视着树。树说："来和我玩吧。"男孩回答道："我不再是小孩子了，我再也不会在树下玩了。""我想要玩具，我需要钱去买玩具。"树失落地说："对不起，我没有钱……但是，你可以把我的苹果摘下来，拿去卖掉，这样你不就有钱了吗？"男孩兴奋地把所有的苹果都摘下来，高兴地离开了。男孩摘了苹果之后很久都没有回来，树非常伤心。

终于有一天，男孩回来了，树非常激动。树兴奋地说："来和我玩吧！""我没有时间玩，我要工作，这样才能养家糊口。我们需要一幢房子，你能帮助我吗？""对不起，我没有房子，但是你可以把我的树枝砍下来去盖你的房子。"男孩听后非常高兴，他把所有的树枝都砍下来，高兴地离开了。

看到男孩这么高兴，这棵苹果树非常欣慰。可是，从此之后，

男孩又很久都没回来，苹果树再一次孤独、伤心起来。

在一个炎热的夏日，男孩终于回来了，树很高兴。树再一次说道："来和我玩吧！""我过得一点都不快乐，我现在正在一天天变老，我好想去旅行放松一下。你能给我一条船吗？""用我的树干造你的船吧，这样你就能够快乐地航行到遥远的地方。"之后，男孩又把苹果树的树干砍下来，做成了一条船。他去航海了，很长时间都没有再露面。

过了很多年之后，男孩终于回来了。"对不起，孩子，我再也没有什么东西可以给你了。"树说。"我已经没有牙咬苹果了。"男孩回答道。"我也没有树干让你爬了。"树说，"我真的不能再给你任何东西了，除了我正在死去的树根。"树含着泪说。

"我现在已经不再需要什么了，我只希望找个地方好好休息。过了这么些年，我累了。"男孩回答道。"太好了，老树根正是休息时最好的倚靠，来吧，孩子，来坐在我身边，休息一下吧。"男孩这一次坐下了，树很高兴，含着泪微笑着……

毫无疑问，这树就是父母的象征，他们将一生的心血付与儿女，不求回报，所期盼的，不过是儿女能在身边多陪他们一会儿，只要儿女幸福，他们可以心甘情愿地倾尽所有。身为儿女，我们不该是一盏不省油的灯，常令父母操心受累，而应少犯错，踏踏实实做事，老老实实做人，少给社会添乱，少让父母操心，真正成为父母贴身的小棉袄，这才是真正的孝顺。

作为父母，当他们决定养育一个孩子的时候，就已经下了要做出重大牺牲的决心，无论孩子什么样，父母都可以包容，因为孩子是他们的责任，更是他们血脉的延续。但是当孩子长大成人之后，特别是已经到了应该自谋出路的年龄，是不是还应该待在家里，继续由父母养活呢？

找工作，独立生活，计划开支，甚至交朋友，买房子成家，这些都应该是成年子女完全能够自理的事情，如果一天到晚还让父母为这些事情操心，还需要替你张罗，替你出钱、出力，这样就太过分了。

为人子女，其实有的时候应该心里明白，哪些事可以让父母为你操操心，哪些事应该独立解决，不要给父母添麻烦。

不可对父母使坏情绪

子夏问孝。子曰："色难。有事，弟子服其劳；有酒食，先生馔，曾是以为孝乎？"

——《论语·为政》

【释义】

子夏向孔子请教孝道，孔子说："孝道难就难在儿女在侍奉父

母时总是能够保持和颜悦色。遇到事情，由年轻人效劳；有了好吃好喝的，则应该先让父母享用，（仅仅做到这样）就可以认为尽孝道了吗？”

【智慧解析】

和颜悦色地对待父母是非常重要的，但是真正做到却很不容易。尤其是当父母偏爱姊弟或是不甚看重自己时，仍要始终保持恭敬的态度，和颜悦色、恪守孝道，则更考验一个人的气度与品性。

王祥是东汉末年琅玡临沂（今属山东省）人，因遭世乱，扶母携弟在庐江隐居30余年。母去世后，才应召入仕。魏时，曾封关内侯、万岁亭侯、睢陵侯，拜司空、太尉、侍中等职。入晋，拜太保，晋爵为公。享年85岁。

王祥的生母在他年幼的时候即已去世。他的继母朱氏很不喜欢他，只偏爱自己的儿子，经常在他父亲面前说他的坏话，使他不仅失去了母爱，还失去了父爱。但他生性至孝，虽然成天被父母驱使，干各种杂活，却从不叫苦叫累，态度十分恭谨。父母如果生病，他就整天衣不解带地睡觉，在左右伺候，汤药熬好了，还必定亲自先尝一尝。

尽管如此，他的继母仍然不喜欢他，待他很凶狠。然而，王祥却始终把她当作自己的亲生母亲来孝顺。继母朱氏常常要吃活鱼，王祥总是想办法满足她的要求。有一次，天寒地冻，朱氏又要吃活鱼。但三九时节，哪儿也找不到活鱼。王祥却不死心，来到结了厚冰的河面上，不顾刺骨的寒风，脱下衣服，躺在寒冷的冰上，准备融化冰块捕鱼。忽然冰块裂开，从水里面跃出两条活蹦乱跳的鲤鱼。王祥赶忙抓住，高高兴兴地带回家去，做好给继母吃。乡里人都说：从来也没人能在大冬天结了这么厚的冰河里凿冰捕鱼，王祥这个小孩子却做到了，这是他的孝心感动了天地啊！从此就留下了“卧冰求鲤”的美谈。

王祥平时侍奉继母非常恭敬小心。他们家的庭院中有一株李树。结的果实特别甜美。朱氏常常命令他去守护。有时风雨大作，电闪雷鸣，王祥虽然害怕，但他不离开，抱着李树哭泣。

王祥的弟弟王览，是朱氏所生。他只有几岁的时候，便很懂事。看见母亲鞭打王祥，就抱着哥哥哭，不让朱氏打。稍长大些，就规劝他的母亲对哥哥好些，朱氏才有点收敛。朱氏常常毫无道理地支使王祥干活，在这种情况下，王览就跟着王祥一起干。兄弟俩娶亲后，朱氏又常常虐待王祥的妻子，王览的妻子也和嫂子一起干。朱氏见王览夫妇总和王祥夫妇同甘共苦，一起干活，无计可施，以后也就不再乱支使王祥夫妇了。

在父亲去世后，王祥在当地的名气越来越大。朱氏不但不高兴，反而嫉恨在心。一次，她秘密在酒中下了毒，想把王祥毒死。王览发现了，就径直去取酒。此时，王祥也疑心酒中有毒，争着把酒夺过来，不给王览。朱氏见兄弟俩争酒，怕事情败露，急忙把酒抢过去，不给他们。从此以后，凡是朱氏赐给王祥的食品，王览总是要先尝尝，以防出事。朱氏害怕下毒会误伤自己的亲儿子，就止住了在食品中下毒的做法。

但是朱氏并没有放弃杀害王祥的念头。一天王祥因有事独睡在

一张床上。朱氏以为机会来了，半夜里悄悄地拿把刀摸进屋，对着被子狠命地连砍了好几下。这时正好王祥外出小便，因此只砍破了被褥，并没有伤着王祥。王祥回来一看，被褥被砍破了，知道是继母恨自己恨得要命，就跑到继母房里跪下，请求一死。继母起先吓了一跳，后来听了王祥的一番话又羞愧，又感动，醒悟过来，感受到了王祥对自己的一片孝心，甚至愿意为自己的错念去死。此后，她爱王祥就像爱自己的亲生儿子一样，一家人日子过得很和睦。王祥尽心赡养继母朱氏，直到给她送了终，才答应别人的邀请，出去做官。

虽然看起来，王祥的至孝行为不是一般人所能理解的，甚至不是一般人所能做到的。但我们所看到并应当予以效法的，是他以孝为本的做人准则。他的这种精神能够感化原本歹毒的继母，如果放到当今社会，就会产生积极的作用。

俗话说得好“好言一句三冬暖”，和颜悦色地对待人，就能够让每个人心情舒畅、精神愉悦，这远远要比那些物质刺激有效持久得多，特别是对父母尽孝更应该如此。

与父母有矛盾不要怨恨

子曰："事父母几谏，见志不从，又敬不违，劳而不怨。"

——《论语·里仁》

【释义】

孔子说："侍奉父母，如果父母有不对的地方，要委婉地劝说他们。自己的意见表达了，父母不愿听从劝告，还是要对他们恭恭敬敬，并不违抗，只是替他们忧愁而不怨恨。"

【智慧解析】

曾经有人说，"天下有不是的子女，无不是的父母。"其实，这句话并不一定对。俗话说："金无足赤，人无完人。"即使是圣贤也会犯错，更何况普通人。父母当然也可能犯错，那么，当父母犯错时，我们又该怎么办呢?

早在数千年前，孔圣人已经给了我们答案——侍奉父母的时候，如果发现父母的言行有什么不妥之处，一定要委婉地进行劝说，如果父母不肯听从的话，也应该保持恭敬之心，不要违背父母的意愿按照自己的意思来行事。尽力做自己应做的事情，不要

对父母有所怨言。

孔子说："侍奉父母的时候，如果发现父母的言行有什么不妥之处，一定要委婉地进行劝说，如果父母不肯听从的话，那么也应该保持恭敬之心，不要违背父母的意愿来按照自己的意思行事。尽力做自己应做的事情，不要对父母有所怨言。"

有一天，王丽和母亲吵架了，结果一气之下王丽冲出了家门，走进了茫茫的夜色中。漫无目的地走了一段路之后，王丽发现自己走得太匆忙了，居然一分钱也没有带，甚至连打电话的钱都没有！夜色渐深，王丽已经是饥肠辘辘，就在这时，她忽然看到一个小小的馄饨摊，一位老婆婆在摊前忙碌着。

馄饨的香气扑鼻而来。老婆婆早就注意到了这个一脸忧伤的女孩子，老婆婆热情地招呼："小姑娘，吃碗馄饨吧！"王丽转过身，尴尬地摇摇头，说："我忘记带钱了……"老婆婆笑了笑："没关系，我请你吃。"

片刻之后，老婆婆端上来一碗馄饨和一碟小菜。王丽刚刚吃了几口，便忍不住掉下了眼泪。

"小姑娘，怎么了？"老婆婆非常关切地问道。顿时，王丽心头感到一股暖流，边哭边把她的委屈讲了一遍，言辞之中有很多是怪罪母亲的话。

老婆婆听了之后，摇了摇头说："你怎么可以这样想呢？我只不过是煮了一碗馄饨给你吃，你就这么感激我，而你的妈妈给你做了 10 多年的饭，从小到大照顾你，你怎么不感激她呢？为什么还要跟她吵架呢?”当王丽听完这句话，愣住了。

此时，在王丽的脑海中浮现出许多小时候母亲疼爱自己的画面。

馄饨吃完之后，王丽谢别了老人，朝家走去。当她走到自家胡同口的时候，发现妈妈正在焦急地左右张望。

父母在有的时候也不一定完全对，但是无论如何，父母所做的一切，出发点还是为你好、为你考虑，他们绝对没有害你的心。

在生活当中，我们经常会和父母的意见不一致。这些都是很正常的，每个人对同一个问题的理解都不一样，都会出现差异，而且我们每个人的思维方式不同，即使是子女和父母，为此也很可能会产生矛盾，继而代沟也就产生了。那么，在这种情况下，怎么孝顺父母呢?

孔子认为：当我们与父母意见出现矛盾的时候，可以先陈述自己的见解，但是不要固执己见，父母听你的劝告最好，即使不听也不必较真。父母说让你干什么你能干的话就一定要去做，不能干也千万不要直接就推辞，这样会伤了老人家的心，孔子认为这才是真正的“孝”。

其实，现在很多家庭中的所谓争吵以及由此而带来的家庭成员之间的冷漠，都是由于相互之间缺乏理解和谦让、过于固执自我所造成的，而这样下去的最终结果必然是相互伤害。所以孝顺父母一定要走进父母的内心世界，学会理解他们的想法。

“孝”是中华民族的传统美德，更是其他美德的基础，所谓

"百善孝为先""乌鸦反哺，羔羊跪乳，不孝父母，禽兽不如"，在赡养父母这个问题上，我们应该多想想当初父母是如何含辛茹苦地把自己拉扯成人的，更应该想自己希望以后自己的孩子怎么对待自己，这样，你就知道自己应该怎么做了！

溺爱是最大的伤害

子曰："爱之，能勿劳乎？忠焉，能勿诲乎？"

——《论语·宪问》

【释义】

孔子说："真要爱他，能不叫他辛劳吗？真要忠于他，能不教诲他吗？"

【智慧解析】

"舐犊情深"，这是人的本性，我们怎么才能给孩子真正的爱呢？看似非常简单的问题，但是现如今却有许多家长看不透、看不穿，反而陷入到了"溺爱"的深渊而不能自拔，这只是简简单单的"当局者迷，旁观者清"吗？

孔子说："真要爱他，能不叫他辛劳吗？真要忠于他，能不教诲他吗？”从中，你是否能得到一些启迪呢？

爱他，就要让他懂得生活的辛劳，忠于他也需要对他进行教诲。忧劳举国，逸豫亡身。根基不稳的植物在外界的压力下是不容易存活的，但是夹缝中的小树却能够傲立风霜而不倒。

培养孩子就是应该让他们吃点苦头，一分一厘、一粥一饭，这些都是来之不易的；懂得了做人做事的艰辛，孩子们在以后才会认真对待自己的人生。

很多年以前，一个1周岁左右的小男孩，被年轻的妈妈牵着小手来到公园的广场前，要上有十几个阶梯的台阶了。小男孩却挣开妈妈的手，他要自己爬上去。他用胖胖的小手向上爬，他的妈妈也没有抱他上去的意思。当爬上两个台阶时，他就感到台阶很高，回头瞅一眼妈妈，妈妈没有伸手去扶他的意思，只是眼睛里充满了慈爱和鼓励。小男孩又抬头向上瞅了瞅，他放弃了让妈妈抱的想法，还是手脚并用小心地向上爬。他爬得很吃力，小屁股抬得老高，小脸蛋也累得通红，那身娃娃服也被弄得都是土，小手也脏乎乎的，但他最终还是独立爬上去了。年轻的妈妈这才上前拍拍儿子身上的土，在那通红的小脸蛋上亲了一口。

这个小男孩，就是后来成为美国第16届总统的林肯。他的母亲便是南希·汉克斯。

现实生活中有很多妈妈做不到这点，她们总是千方百计地满足孩子，保护孩子。一些孩子甚至上了高中还不会洗衣服，不会

照顾自己，所有跟“吃苦”有关的事全由妈妈代劳。然而，这样做有什么好处呢？说实话，只能培养出孩子的一些娇气，只会令他们更依赖父母。

“溺爱”和“爱”虽然只是一字之差，但却是“失之毫厘，谬以千里”，真正的爱，是磨炼、是放手、是给予孩子更多的空间。如果孩子在父母身边永远有所依靠，那么，当孩子有朝一日要独立去面对这个世界的时候，必然将无所适从。

溺爱对于孩子的成长是非常不利的，会造成孩子孤傲而脆弱的不良性格；贪图物质享受的不满足感以及对人缺乏爱心，只知道什么事情都为自己考虑的自私冷漠心理；对事情缺乏是非观念，单凭个人的喜好做事情的处世原则；对生活更是缺乏自强、自立、自信的思想意识。

教育孩子应该注重培养他们独立的意志品格，千万不要娇生惯养，溺爱反而会生害。孩子只有依靠自己的努力，学习和掌握今后立足于社会的本领，只有这样，才能在离开父母的庇护之后成为一个坚强的独立个体，展翅高飞。

美国教育家芭贝拉·罗斯曾说：“父母必须让孩子知道，在成长的道路上，不可能是一帆风顺的。成功往往是与艰难困苦、坎坷挫折相伴而来的。”儿童教育学家们普遍接受的一种观点是：战胜生活中挫折和困难的勇气，是在童年时开始树立和发展的。因此为了孩子着想，父母们必须尽早对孩子进行吃苦教育，让他们自小受到艰难困苦的磨炼，有了吃苦精神，孩子们才能更好地适应未来的竞争。

厚待亲友，不弃故旧

子曰：“君子笃于亲，则民兴于仁；故旧不遗，则民不偷。”

——《论语·泰伯》

【释义】

孔子说：“君子如果厚待自己的亲属，老百姓当中就会兴起仁的风气；君子如果不遗弃老朋友，老百姓就不会对人冷漠无情。”

【智慧解析】

毫无疑问，这里所说的“君子”必然是指管理者，他们对待亲人及故友的态度，将决定着下属的走向。儒家认为，爱是由内及外逐渐扩散的，所以只有管理者先笃于亲，而后才会民兴于仁；只有管理者对旧友不遗不弃，下属之间才会友爱相待，那么，整个风气就是仁爱，人与人之间才会相互爱护，一片和谐。

孔子的这句话，反映出他对人性的深刻认识。试想，倘若一个人对自己的父母亲戚、兄弟姐妹、哥们儿朋友都没有感情，他又怎么会去爱其他人？而这样的管理者又怎能得到部属的信任与拥戴？怎会令部属心甘情愿地为其效劳呢？所以说，一个杰出的

领导，必然是有真性情、有真感情的人物。

刘邦建立汉朝以后，对故旧之交萧何、曹参等人厚待有加，于是这些人不仅全心全意地辅助其打江山，也尽心尽力地为其守江山。

在刘邦还是平民时萧何便与之相交，当时他是沛县主吏椽，而刘邦当时是秦泗水亭长。他见刘邦器宇轩昂，气度不凡，谈吐也有别于众人，是大贵之相，所以对他格外另眼相待，并曾多次利用职权暗中袒护他。刘邦沛县斩蛇起义，萧何亦是主要的策划人之一。在诸侯乱战中，萧何竭尽心智为刘邦出谋划策，月下追韩信，镇国家、抚百姓、给馈饷、不绝粮油，助刘邦成就了一番霸业。西汉建国，萧何功不可没，刘邦对于他的评价最高，信任度也超过其他臣子。刘邦称帝后，论功行赏，封萧何为酂侯，食邑最多。许多功臣心里不平，私下里议论不休。他们说自己跟随刘邦转战南北，身经百战，而萧何只不过坐在家里发发议论，出出主意而已，毫无战功，为什么他的食邑反而最多呢？刘邦闻知此事后，对他们说：“你们知道猎人吗？打猎的时候，追杀野兽的是猎狗，而指示行踪，放狗追兽的是人。如今诸位只是能猎获野兽，相当于猎狗的功劳。至于萧何，他能放出猎狗，指示追逐目标，那相当于猎人的功劳。况且你们只是一个人追随我，多的也不过带两三个家里人，而萧何却是全族好几十人跟随我，这些功劳怎么能抹杀呢？”众人听罢，都无言以对。后，刘邦又拜萧何为相国，始终信任，而萧何也为巩固西汉政权竭尽全力，鞠躬尽瘁。

另一功臣曹参也是从沛县起便跟随刘邦一起出生入死的人，在一系列的战役中，他身被70余伤，攻城略地，功最多，论功行赏，其地位仅次于萧何，封平阳侯。曹参同样一直得到刘邦的重用，先是任他为齐国相，后又与其剖符为凭，使其爵位世代相传，永不断绝。而曹参对西汉也是至死效忠。惠帝时，萧何死前推荐曹参，曹参代萧何为相国，举事无所变更，均遵萧何所定法令。百姓以歌赞曹参功德："萧何为法，斠若画一；曹参代之，守而勿失。载其清静，民以宁一。"

"君子笃亲，故旧不遗"，是古人历来极力推崇的伦理之道，它可以直接折射出一个人德行与修养的好坏，一个重德守道的人必然会善待自己的亲人与朋友，亦因如此，他也会得到丰厚的回报。清朝皇帝康熙就是因为非常巧妙地运用"孝临天下"的统治智谋，才为康乾盛世打下了稳固的根基，同时也使人民得到了教化，促进了社会的稳定和发展。

从另一方面说，对于管理而言，"故旧不遗"亦可视之为一项很好的感情投资。"故旧不遗"虽是仁义所至，但事实上完全脱离利益的"义"则极为罕见。管理者若能秉承仁义之心，对一直追随自己的旧属不离不弃，多为他们着想，尽力满足他们的需求，就能为自己在所有员工面前树立一个良好的形象，使大家都信任并尊敬你，愿意追随你，全心全意地协助你，上下一心去开创更美好的未来。

反之，倘若管理者无情无义，以"狡兔死，走狗烹"的方式

来对待旧属，就只会令人心寒，让下属人人自危，如此一来，下属多会对你敬而远之，谁会肯用真心真意地协助一个无情无义的人呢?

朋友患难相扶持

朋友死，无所归，曰："于我殡。"

——《论语·乡党》

【释义】

朋友死了，没有亲属负责收敛，孔子说："丧事由我来办吧。"

【智慧解析】

怎样才能称之为真正的朋友呢?真正的朋友是经得起考验、生死不渝的。在世相交之日，重信守诺，可以事相托，患难与共；一方离世，友谊不灭，无论有什么事，生者责无旁贷。

孔子的一个朋友亡故，没有人料理后事，孔子说："由我来负责安葬。"

孔子在这里的言行，充分表现出作为君子对待友情的态度。"患难相扶持"不仅是重信义的延续，更是一种感情升华，这种仗义的仁德之举，足以令每一个虚伪之徒汗颜。

有一部非常感人的电影，名叫《落叶归根》。

影片主人公老赵是个50多岁的农民，南下来到深圳打工。一次，在与工友刘全有饮酒时二人戏言，谁先遭遇不测，另一个一定要将对方的骨灰送回家，令其落叶归根。

事情往往总是那般凑巧，饮酒的第二天，刘全有便突然死在了工地上。为了履行此前的诺言，老赵决定送工友的尸体回乡安葬。

老赵先是将刘全有的尸体伪装成醉鬼，混上了长途汽车，不幸的是在中途遇上了劫匪。老赵不顾一切地保护刘全有的补偿金，因而赢得了劫匪的敬重，同时也保障了满车乘客的安全，但他却因为暴露了尸体，反而被其他乘客赶下车去。

为了完成工友的心愿，老赵又将尸体伪装成需要急救的病人，并被好心人送到了医院；晚上住店，钱又被“梁上君子”洗劫一空，老赵几乎山穷水尽。但这并没有动摇老赵的决心。为了解决钱的问题，他到别人的葬礼上哭丧；为了不被人发现尸斑，他请发廊女为刘全有的尸体化妆。

这一路上，老赵遇到了千奇百怪的事情，接触了形形色色的人，当然也历尽了千辛万苦。眼看工友的家乡就在眼前，老赵又遇到了泥石流。幸运的是，他及工友的尸体被一位老警察救了，刘全有的尸体最终被火化，而“他们”也被送到了目的地。这时老赵却发现，刘全有的故乡已经变成水库，原来的村庄早已不复存在，侥幸的是，老赵在废墟中发现了刘全有儿子留下的一段字，老赵

哭了，老警察则拍了拍老赵的后背说：“走吧，这里离宜昌还有7个多小时。”……

《落叶归根》讲述的是一个小人物的故事，但就是这个小人物身上却折射出了不平凡的光彩，故事虽充满喜剧色彩，但看过之后则会让人陷入深思。重情义、讲信义这两种人们常挂在嘴边却并不常体现在行动中的崇高品质，在老赵身上体现得淋漓尽致。

交朋友有点像晒梅干。梅干起初也是新鲜的果子，经过一段时日的酝酿，才制成后来的美味。朋友自然也是由生而熟，在长时间的交往之中，各种不同的思想见解，经由交流和冲突，而获得融洽。两个不同的事物，要完全融合，需要时间，时间是最好的考验。只有在面临变故的时候能够共患难的人，才能被称之为朋友。

朋友应当能够相互帮扶，生死不渝，要有一种能无怨无悔付出的心怀。这样，患难相持，才称得上是真正的友谊。

什么是友情？什么是道义？按照它们的标准来行事，就是即使死也不应当躲避。当然，此为古人所言，于今人而言虽无关生死，但亦应患难相持。总之无论怎样，对朋友该做的事，均应以道义为先。

第二卷　君子坦荡荡

——深悟《论语》修身智慧

胸怀坦荡立于世

子曰："君子坦荡荡，小人长戚戚。"

——《论语·述而》

【释义】

孔子说："君子心胸开阔，神定气安。小人斤斤计较，患得患失。"

【智慧解析】

俗话说，心底无私天地宽。古今中外的所谓"君子"，之所以能够品行正、修养好、境界高，原因即在于他们拥有一个坦荡的胸怀，因此，也多拥有一个宽广坦荡的人生。而小人则恰好相反，他们心思狭隘，欲求甚多，所以经常局促忧愁。

做人，倘若没有一个宽广的胸怀，就无法形成一种平静的心态，要修养好品行亦是十分困难的。一个人若是内心十分充实，即在道德、人格、知识、趣味、情感等方面，比较完善，有一定质量，达到一定境界，有一个广阔的胸襟，心里容量大，就能有正确的自足感，能够避免无节制地被外界事物刺激和骚扰，视名利、权势、物质为身外之物，不会过于计较。内心保持这样的境界，无论得意的时候还是艰难困苦的时候，都会是很乐观的。当然也不是盲目的乐观，而是自然的胸襟开朗，对人也没有仇怨。为人处世能养成这种“坦荡荡”的境界，具备这种豁达胸怀，才使修身冶性具有基本的保证，修身正己就有了一种自觉性，会产生一种满足感、愉悦感。

丹麦著名的天文学家第谷·布拉赫，是把行星运动详情记录下来的第一位天文学家。他发现德国天文学家开普勒是个人才，便约他共同观测、研究。学生开普勒学得了老师的一身真本领，对天文研究有很高的造诣。后来有人挑拨他和老师的关系，开普勒相信了谗言，愤而出走。

布拉赫心中十分难过，但他并没有迁怒于学生，而是胸怀坦荡，不记旧怨。当他快要辞世时，将开普勒唤至床前，把珍藏多年的有关观测研究的大量稀世资料，悉数交给了开普勒，嘱托开普勒完成其未竟之业。开普勒为老师的高尚品德所感动，他在视力极差的艰难条件下，在布拉赫大量观测所得数据的基础上，又经长期观测，计算，归纳，证明，发现了行星是沿椭圆轨道运行的，提出了行星运动三定律，被誉为“天空立法者”。

做人若坦荡荡，率性而为，自然不会在乎钱财的富足与官爵的显赫，而寻求的是心无牵念。抛弃心头名利的枷锁，无论是思想还是理智皆能得到自由。得利心不高，失利心不下，澹泊明志，

宁静致远，见利让利，处名让名，宠辱不惊。

然而在生活中，有些人却反其道而行之，他们稍微做出点成绩，便沾沾自喜，自以为功成名就，从此便失去了新的奋斗目标。这种做法是不足取的。鲁迅说："自卑固然不好，自负也是不好的，容易停滞。我想顶好是不要自馁，总是干；但也不可自满，仍旧总是用功。"

坦荡地面对这世间的一切，纵然身处逆境，仍从容自若，以超然的心情看待苦乐年华，以平常的心情面对一切荣辱。平常心是一种人生的美丽，不虚饰、不做作、襟怀豁然、洒脱适意的平常心态不仅能给予你一双潇洒和洞穿世事的眼睛，同时也使你拥有一个坦然充实的人生。

在社会竞争日益激烈的今天，拥有一颗坦荡的心，对于身体的健康和事业的成败都是至关重要的。当然，这种心态是要经过失败与挫折，通过不断奋斗努力，才能历练出如此的人生境界。它不为一切浮华沉沦，不为虚荣所诱。

我们用不着羡慕别人美丽的光环，只要我们拥有一份坦荡的胸怀，尽自己所能，选择自己的人生目标，勇敢地面对人生的各种挑战，无愧于社会、无愧于他人、无愧于自己，那么，我们心灵的园地就一定会阳光灿烂，鲜花盛开。

一个人达到了如此的境界，就会自得其乐，不会因得失荣辱而耿耿于怀；反之，就难以体验到工作与人生的乐趣，更严重者，则会执着于贪念，使人生面临重重危机。

诸恶莫作，众善奉行

子曰："苟志于仁矣，无恶也。"

——《论语·里仁》

【释义】

孔子说："如果立志于仁，就不会做坏事了。"

【智慧解析】

人之善恶只在一念之间，小善亦是善，只要做了，就能给人以温暖。小恶亦是恶，只要做了，也会给人以损害。孔子说："一个人如果立志去实行仁德，那就不会去做坏事。"他在奉劝世人，务必常把善念存于心中，而不要因为某个坏习惯不起眼就不去重视，应在日常生活中的细节上加强道德修养，"不以善小而不为，不以恶小而为之"，这样才能避免误入歧途。

一位年迈的北美切基罗人教导孙子们，告诉他们人生真谛。他说："在我内心深处，一直在进行着一场战争，交战双方是两只狼。一只狼是恶的——它代表恐惧、生气、悲伤、悔恨、贪婪、傲

慢、自怜、怨恨、自卑、谎言、妄自尊大、高傲、自私和不忠；另一只狼是善的——它代表喜悦、和平、爱、希望、承担责任、宁静、谦虚、仁慈、宽容、友善、同情、慷慨、真理和忠贞。同样，交战也发生在你们的心灵深处，所有人的内心深处。”听完他的话，孩子们静默不语，若有所思。过了片刻，其中一个孩子问：“那么，哪只狼能获胜呢？”饱经世事的老者回答道：“你喂给它食物的那只。”

善恶存乎于心，只有你能决定自己是善是恶。在生活中，我们必须谨言慎行。从点滴之处要求自己，做到一切为善。只有这样，我们才不至于在人生的沟沟坎坎中马失前蹄，断送我们本该美好的前途。

要知道，无论在古代还在当今社会，时代的变化都不能改变事物自身的规律。用心险恶、手段卑劣，虽有时候能获取蝇头小利和短暂的好处，但毕竟不是正道；只有内心仁德平和，行为光明正大，才是能够成就大事、行之久远的正确的做人做事途径。

白居易为官时曾去拜访鸟窠道林禅师，他看见禅师端坐在鹊巢边，于是说：“禅师住在树上，这太危险了！”

禅师回答说：“太守，你的处境才非常危险！”

白居易听了不以为然地说：“下官是当朝重要官员，有什么危险呢？”

禅师说：“薪火相交，纵性不停，怎能说不危险呢？”意思是说官场浮沉，钩心斗角，危险就在眼前。

白居易似乎有些领悟，转个话题又问道："如何是佛法大意？"

禅师回答道："诸恶莫作，众善奉行。"

白居易听了，以为禅师会开示自己深奥的道理，没想到只是如此平常的话，便失望地说："这是三岁孩儿也知道的道理呀！"

禅师说："三岁孩儿虽道得，八十老翁却行不得。"

白居易被禅师一语惊醒。

"勿以善小而不为，勿以恶小而为之。"谁都知道这个道理，但能够做到的人却很少。一个人能心志于仁，不做坏事，无论何时何地，都无愧于心。从整个社会的发展规律来看，这种人也是符合道德取向和职业需要的。

每天为别人做件事

颜渊、季路侍。子曰："盍各言尔志？"子路曰："愿车马衣轻裘与朋友共敝之而无憾。"颜渊曰："愿无伐善，无施劳。"子路曰："愿闻子之志。"子曰："老者安之，朋友信之，少者怀之。"

——《论语·公冶长》

【释义】

颜渊、子路侍立在孔子身边。孔子说："何不各人说说自己的志向？"子路说："我愿意把自己的车、马、衣服和朋友共同使用，用坏了也不抱怨。"颜渊说："我愿意不夸耀自己的长处，不表白自己的功劳。"子路对孔子说："愿意听听老师您的志向。"孔子说："我愿意使老年人生活安逸，使朋友能互相信任，使年轻人怀念我。"

【智慧解析】

孔子立志与杜子美那句"安得广厦千万间，大庇天下寒士俱欢颜"有着异曲同工之处，面对尘世的纷扰，他们首先想到的不是自己，而是惦念着那些更需要帮助的人。这样的人，无论生在哪一时代，都会受到他人的尊敬。

以前有一位国王，他非常疼爱自己的儿子。由于父亲的权力，这位王子的心愿没有不被满足的，真可谓要风得风、要雨得雨。然而，即便如此，王子却时常紧锁眉头，面容戚戚，少现笑容于脸上。

国王对此忧心忡忡，遂下旨招募能人，声明谁能让王子得到快乐，就一定会对谁加以重赏，要官亦可，要钱也无妨。消息刚一公布，便引来众多"能人"，这其中包括滑稽大师、杂技大师、博学者等，但始终没有一人能够逗得王子一笑。众人束手无策，唯有灰溜溜地一一离去。

有一天，一个大魔术师走进王宫，他对国王说："我有方法能使王子快乐，能将王子的戚容变作笑容。"国王很高兴道："假使能办成这件事，你要任何赏赐，我都可以答应。"

魔术师将王子领入一间私室，用白色"不明物"在一张纸上涂了几笔。随后，他将那张纸交给王子，让王子走入一间暗室，然后燃起蜡烛，看看纸上会出现什么。话一说完，魔术师便走了。

年轻的王子依言而行。在烛光的映照下，他看见那些白色的字迹化作美丽的绿色，最后变成这样几个字——每天为别人做件事！王子遵从魔术师的劝告，很快他成了全国最快乐的少年。

每天为别人做件事，你一定会寻找到生活的另一种意义；每天为别人做件事，在你向别人表达善意的同时，你亦会因此而收获快乐。

在平常的日子里，我们为马路乞讨者送上一个馒头，为迷路者指点迷津，用心倾听失落者的诉说……这些看似平常的举动，就会在潜移默化中洗涤我们的心灵，将我们的道德修养提升到一个新的高度。

"赠人玫瑰，手有余香"，每天为别人做件事，在实现自我价值的同时也让世界变得更加美好。

君子爱财，取之有道

子曰：君子喻于义，小人喻于利

——《论语·里仁》

【释义】

孔子说："君子懂得的是义，小人懂得的是利。"

【智慧解析】

数千年来，仁义道德一直是国人努力遵循的行为及生活准则。"仁"与"义"二者互为表里，言语行为都符合一个"义"字，则可称之为"仁"；内心常怀仁念者，则言行必能体现出"义"。

孔子认为，"义"是一个人立足于世的根本。那些道德高尚的人重义轻利，所以他们被世人所尊敬，而那些品行低下的人则多重利轻义，这样的人一定会被世人所唾弃。

乍一看，在孔子的思想中，"义"与"利"似乎是相对的，其实并非如此。利即利益、富贵，客观地说，没有任何一个人会讨厌利益，孔子也不例外。他曾表示，如果可以求得富贵，即使做个车夫也无所谓。不过他又强调，一个人无论对富贵多么渴望，但必须遵循一个原则——得之于正道。

由此可见，“利”与“义”本身并不冲突，关键是我们以怎样一种方式去得到利益，倘若摆在我们眼前的利益是符合“义”的，那么尽管去取便是；倘若这利益不符合“义”字，就不要被它所诱惑，而应毫不犹豫地远离它。

做人，如果控制不了自己的欲望，那么就会成为欲望的奴隶，最终要被欲望所淹没。人之求利，情理之常，但君子爱财，应取之有道，如果放纵贪念，强取豪夺，只会让人唾弃，到头来更是得不偿失。

有一个专做老红木家具生意的古董商，在一处偏僻的小山村里，无意间发现了一个十分珍贵的老式红木旧柜子。他惊喜万分，但过后不久，古董商开始动了心思。他先是与柜子的主人闲扯聊天，然后又假装在不经意间、小心翼翼地扯到了柜子上。随后，开价500元准备购买。

山里人从来没有见过这么多钱，他把古董商看得直发毛。最后，山里人终于同意了，古董商一颗“怦怦”乱跳的心才算稳定了下来。

但古董商马上又开始后悔了。原来，当看到山里人这么爽快地答应下来，他就觉得自己吃亏了，“根本就不应该出500元，也许300元足够了”。但是，还不能反悔，这样很容易让对方看出破绽。于是，古董商不死心地围着房前屋后细细琢磨。

“真巧，居然找到了一把脏兮兮的红木椅子！”他对主人说，

“这个柜子实在太破了，拿回去也修不好，只能当柴火烧。”

山里人喃喃道：“要不，你就别要了。”

古董商非常大度地一挥手：“说出的话，怎么能随便收回呢！这样吧，你干脆把那把椅子也送给我算了。”

山里人本来就有些自感惭愧，听他这样说，感激地连忙点头。

古董商笑道：“那我明天早上再来取这些柴火。”

第二天一早，当古董商带着车来装运柜子和椅子时，看到门前有一堆柴火，山里人走出来说：“您大老远的来一趟不容易，我已经替你把柴火劈好了。”

“后来呢？”有人问古董商。

古董商非常平静地从书架上取出一根木头。用右手做了一个“八”字形，原来，除了500元木头款外，他还支付了300元的劈柴费。停了一会儿，古董商非常认真地说：“其实，这800元应该算学费，因为从此我知道了过分贪婪将意味着什么。”

当道义与利益发生冲突时，正是对一个人道德操守的最大考验，遗憾的是，很多人在这种考验面前，都显得不是那么合格，更有甚者，甚至完全弃道义于不顾，着实让人痛心疾首。案例中的古董商在“义”与“利”面前的表现，起初显然是不合格的，好在他最终迷途知返，给自己那颗被利益蒙蔽的心做了一番彻底的清洗。

“不义而富且贵，于我如浮云。”在孔子看来，即便是吃粗粮野蔬，喝无味冷水，以臂为枕，也能够乐在其中，而以不道德的方式得来的富贵，对他而言就像浮云一样。这才是君子应有的人生态度。

古今圣贤也都在谆谆告诫后人，可以留意于物，但不能流连于物，更不能为物所役。

诚然，欲望，人皆有之，而事实上欲望本身也并非都是不好的，可欲望一旦过了度，就会变成贪欲，人也随之成了欲望的奴隶。锁住欲望，就是锁住了贪婪！贪婪是灾祸的根源。过分的贪婪与吝啬，只会让人渐渐地失去信任、友谊、亲情等；物欲太盛造成灵魂变态，精神上永无快乐，永无宁静，只能给人生带来无限的烦恼和痛苦。

所以，每个人都要懂得控制自己的欲望，善待财富，切忌吝啬与贪婪；还要自由地驾驭外物，将钱财用之于正道，凭借自己的才能智慧赚取钱财。

诚是人之所守，事之所本

子曰："人而无信，不知其可也。大车无輗，小车无軏，其何以行之哉？"

——《论语·为政》

【释义】

孔子说："一个人不讲信用，不知道他怎么可以立身处世。这就好比牛车没有安车辕与横木连接处的活销，马车亦没有安此活销，那么它怎么能行走呢？"

【智慧解析】

一个不守信的人，是无法与其谈论做人之道的。我们知道，千百年来正义之人所赞赏的诚信，已成为做人的准则之一。中国人把诚信立为处世之本，崇尚诚信。在"信、智、勇"三个自立于社会的条件中，诚信是摆在第一位的。

"言必信，行必果，诺必诚"，这是与他人、与社会的交往过程中的立身处世之本。中国人靠这样一个道德原则来规范自己，这与西方的契约精神有所区别。而且"诚信"在法律化的前提下随着社会文明的发展而被推进，而在人们相互的交往和所发生的关系中发挥着愈来愈大的作用。

诚信，就是不欺人，重承诺，不要花招，敢于负责。作为一种传统美德，诚信不仅是个人道德修养的底线，也是各种社会事务顺利进行的基本保证。正如孔子所说的那样——"人而无信，不知其可也。"所以说，唯有以诚信立世，才能在人生路上长远顺利地走下去。

李嘉诚先生就是一个很讲诚信的人，他的为人就像他的名字一样，其诚可嘉。

李嘉诚早期是做塑胶生意起家的，在塑胶厂濒临倒闭那些日子里，李嘉诚回到家里，强作欢颜，唯恐母亲为他的事担忧。知子莫过母，母亲从儿子憔悴的脸色、布满血丝的双眼，洞察出工厂遇到了麻烦。母亲不懂经营，但懂得为人处事的常理。

一天，母亲平静地对李嘉诚说道：很早很早之前，潮州府城外有一座古寺。寺中住持云寂和尚已是垂暮之年，他知道自己在世的日子不多了，就把他的两个弟子——一寂、二寂召到方丈室，把两袋谷种交给他们，要他们去播种插秧，到谷熟的季节再来见他，看谁收的谷子多，多者就可继承他的衣钵，做庙里住持。云寂和尚整日关在方丈室念经，到谷熟时，一寂挑了一担沉沉的谷子来见师父，而二寂却两手空空。云寂问二寂，二寂惭愧道，他没有管好田，种谷没发芽。云寂便把袈裟和衣钵交给二寂，指定他为未来的住持。一寂不服。师父淡淡地道，我给你俩人的谷种都是煮过的。

李嘉诚悟出母亲话中的玄机——诚实是做人处世之本，是战胜一切的不二法门。翌日，李嘉诚回到厂里，工厂仍笼罩在愁云惨雾之中。李嘉诚召集员工开会，他坦诚地承认了自己经营的错误，他向这些天被他无端训斥的员工赔礼道歉，并表示，经营一有转机，辞退的员工都可回来上班，如果找到更好的去处，也不勉强。从今以后，保证与员工同舟共济，绝不损及员工的利益，而保全自己。

重振士气之后，接着李嘉诚一一拜访银行、原料商、客户，向他们认错道歉，祈求原谅，并保证在放宽的限期内一定偿还欠款，对该赔偿的罚款，一定如数付账。李嘉诚丝毫不隐瞒工厂面临的空前危机——随时都有倒闭的可能，恳切地向对方请教拯救危机的对策。

李嘉诚的诚恳态度，使他得到他们中的大多数人的谅解，他

们都是业务伙伴，长江塑胶厂倒闭，对他们同样不利。李嘉诚的“负荆拜访”，达到了初步目的。他却不敢松一口气，银行、原料商和客户，只给了他十分有限的回旋余地，事态仍很严峻。

积压产品，库满为患。这之中，一部分是质量不合格；另一部分是延误交货期的退货，而产品质量并无问题。李嘉诚抽调员工，对积压产品普查一次，将其归为两类，一类是有机会做正品推销出去的；一类是款式过时，或质量粗劣的。

李嘉诚像当初做行街仔那样，马不停蹄到市区推销，把正品卖出一部分。他不想为积压产品拖累太久，就全部以极低廉的价格卖给了专营旧货次品的批发商，在制品的质检卡片上，一律盖上“次品”的标记。之后李嘉诚陆续收到货款，以此偿还了一部分债务。

路遥知马力！李嘉诚用真诚重新拾回了别人的信任，他获得了新订单，筹到购买原料、添置新机器的资金。被裁减员工，又回来上班，李嘉诚还补发了他们离厂阶段的工薪。渐渐地工厂出现转机，产销渐入佳境。

此后，李嘉诚的生意越做越大，也不仅仅局限于塑胶行业，并成为了世界闻名的巨富。他的成功，与他做人处世的谦逊、节俭、诚信是有着密切关联的。

做人，应以李嘉诚为榜样，做事时目光放远一些，须知，不讲诚信或能得一时之利，实则得不偿失。当我们需要别人帮助之时，对方首先要看的就是我们的人品。试问，谁又会去帮助一个不讲诚信、没有原则的人呢?

诚是一个人的根本，待人以诚，就是以信义为要。精诚所至，金石为开，诚能化万物，所谓的“诚则灵”正说明了诚的重要性。相反，心不诚则不灵，行则不通，事则不成。一个心灵丑恶，为人虚伪的人根本无法取得人们对他的信任。所以，荀子说：“天地为大矣，不诚则不能化万物；圣人为智矣，不诚则不能化万民；父子为亲矣，不诚则疏；君上为尊矣，不诚则卑。”明人朱舜水说得更为直接：“修身处世，一诚之外更无余事。故曰：‘君子诚之为贵。’自天子至于庶人，未有舍诚而能行事也；今人奈何欺世盗名矜得计哉？”所以，诚是人之所守，事之所本。只有做到内心诚而无欺的人才是能自信、信人并取信于人的人。

试着多为别人着想

厩焚。子退朝，曰：“伤人乎？”不问马。

——《论语·乡党》

【释义】

孔子家的马棚失火了。孔子退朝回来，问道：“伤人了吗？”却不问是否伤了马。

【智慧解析】

所谓的“仁者爱人”，大概由孔子的这种言行最能体现吧。孔子问人不问马，充分体现了他以人为本的仁者之心。

如果每个人都能够设身处地地为别人着想，那么，许多事情都可以顺利地得到解决，这个世界就会拥有更多的关怀。生活中的很多误解和隔膜实际上都是由于人与人的生活状态存在差异，因而造成的思维角度和方式不同所引起的。一个人如果能够充满仁爱之心，言行充满人情味，不但能给他人带来温暖，也会令自己的人生顺风顺水。

明开国皇帝朱元璋发妻马秀英，自幼母亡，被郭子兴夫妇收为义女。后战火起，马秀英先后追随义父、丈夫驰骋沙场，无暇顾及裹足之事，遂成了中国古代罕有的一位天足皇后。

马秀英成为了皇后，她以身作则，竭力辅佐夫君治理天下。对待自己及子女，她要求甚严，而对待下属臣民则仁慈有加，能容者则容。

马秀英虽贵为皇后，但每天仍亲自操办朱元璋的膳食，连皇子皇孙的饭食穿戴，她也会亲自过问，可谓无微不至。妃嫔多劝她保重身体，别太劳累，马皇后对妃嫔说：“事夫亲自馈食，从古到今，礼所宜然。且主人性厉，偶一失饪，何人敢当？不如我去当中，还可禁受。”一次进羹微寒，太祖因服膳不满而发怒，举起碗向马皇后掷去，马皇后急忙躲闪，耳畔已被擦着，受了微伤，更被泼了一身羹污。马皇后热羹重进，从容地易服，神色自若。妃嫔才深信马皇后所言，并深深为马皇后的道德人品所折服。宫人或被幸得孕，马皇后备加体恤，嫔妃或忤上意，马皇后则设法从中调停。

有人报告参军郭景祥之子不孝，“尝持槊犯景祥”，差点儿将景祥打死。太祖听后大怒，欲将其正法。马皇后得知后劝朱元璋说：“妾闻景祥只有一子，独子易骄，但未必尽如人言，须查明属实，方可加刑。否则杀了一人，遽绝人后，反而有伤仁惠了。”于是朱元璋派人调查，果然冤枉了他。朱元璋叹道：“若非后言，险些断绝了郭家的宗祀呢。”

朱元璋的义子李文忠守严州时，杨宪上书诬劾，朱元璋想召回给予处罚，马皇后认为：“严州是与敌交界的重地，将帅不宜轻易调动，而且李文忠一向忠实可靠，杨宪的话，怎能轻易相信呢？”太祖向来敬重信赖马皇后，就派人去严州调查，消息果然不实，文忠于是得以免罪。

某元宵灯节，朱元璋与刘伯温偶来兴致，下访京城灯会。行至一商铺门前，朱、刘二人见众人在猜灯谜，好不热闹，便凑上前去。其中一副有趣的图画谜面，引起了朱元璋的注意。画中是一妇人，怀抱西瓜，一双大脚颇为醒目。朱元璋不解其意，便问刘伯温：“此谜何解？”刘伯温略作沉吟，答道：“此乃淮西大脚女人。”朱元璋仍不解，追问：“淮西大脚女人是谁？”刘伯温不敢直言，于是说道：“陛下回宫后问皇后娘娘便知。”

回宫后，朱元璋向马皇后提及此事，马皇后讪然一笑：“臣妾祖籍淮西，又是大脚，此谜底想必就是臣妾。”朱元璋闻言大怒：

“乡野草民竟敢调侃一国之母！”遂下旨要将挂此灯谜的那条街上居住的百姓全部抄杀。马皇后见状急忙劝解：“元宵佳节，万民同乐，臣妾本是大脚，说说又有何妨？区区小事，何足动怒？以免惹得天下人耻笑。”

朱元璋听后，深以为是，此事遂得以作罢。

一次，朱元璋视察太学（国子监）回来，马皇后问他太学有多少学生，朱元璋答道有数千人。马皇后说：“数千太学生，可谓人才济济。可是太学生虽有生活补贴，他们的妻子儿女靠什么生活呢？”针对这种情况，马皇后征得朱元璋同意，征集了一笔钱粮，设置了20多个红仓，专门储粮供养太学生的妻子儿女，对此，生徒颂德不已。

此类事情还有很多，也正因如此，像马秀英这么有人情味的、凡事多为别人着想的领导才能深受满朝上下以及黎民百姓的爱戴，天下无不尊敬，后世更是将其称为“千古第一贤后”。

能不愿为她尽力做事吗？的确，在生活中，一个充满人情味和爱心的人，往往具有很强的亲和力。无论其地位高低，都会赢得别人发自内心的尊敬。

古人云：“以力服人者，非心服也，力不赡也；以德服人者，中心悦而诚服也。”基于权力、财富、武力之外的人格感染力，是能让人们真正热爱、信服的一种感召力。德，是我们生存于世所必须具备的素养，是我们受用终身的宝贵财富。为人者，应加强自身人格修养，增强人格感染力，正所谓厚德载物，以德服人。

而能够将别人放在自己心上来考虑的人，无疑是道德高尚的人。马秀英身为皇后，富贵天下，却能不忘本色，处处为别人着想，着实让人敬佩。很多时候，人在顺境中就会沉浸在自己的快乐生活中而忽视他人的苦难和不幸，但真正高尚的人，应超脱于个人的情感之外，将关注的目光投向那些和自己素无瓜葛但却需要帮助的人，这才是做人的至高境界。

穷不自哀，富不忘礼

子贡曰："贫而无谄，富而无骄，何如？"子曰："可也。未若贫而乐，富而好礼者也。"

——《论语·学而》

【释义】

子贡说："贫穷而不去巴结人，富裕而不骄傲自大，这种人怎么样？"孔子说："可以了。但还不如贫穷而仍然快乐，富裕而好礼节的人。"

【智慧解析】

是否懂得礼节，是人有别于动物的主要标志——鹦鹉能言，不

离飞鸟；猩猩能言，不离禽兽；今人而无礼，虽能言，不亦禽兽之心乎？……是故圣人作，为礼以教人，使人以有礼，知自别于禽兽。礼节，是规范人类行为的一种俗成准则，从一个国家的民众是否知礼懂礼上，我们往往便可判断出这个国家文明程度——礼，经国家，定社稷，序民人，利后嗣者也。

孔子所在的社会，“礼崩乐坏”“天下无道”，这令他痛心疾首。所以，在孔子讲学布道、奔走四方的过程中，一直致力于对礼的修复。他希望上至国君，下至百姓，都能够恪守礼道，以礼兴仁、以礼治国，重现华夏礼仪之邦的本色。于是，他以身作则，大力倡导，遂成为一代礼学大师。

一次，孔子的学生子贡问他：“贫穷而不去巴结人，富裕而不骄傲自大，这种人怎么样？”孔子说：“可以了。但还不如贫穷而仍然快乐，富裕而好礼节的人。”这是孔子对“礼”的更深一层见解，在孔圣人看来，“贫而无谄”，仅仅是“固穷”，是穷人保持自己尊严的最后底线；“富而无骄”也只能算是一种消极的不作为。这两种行为的心理背景，仍然存在严重的贫富界线。因此，这还算不上一种超脱的人生认知境界。而“贫而乐，富而好礼”，则完全把“贫”“富”抛开，而以发自内心的生命喜悦和谦仁礼让作为生活的最实质性的内容与准则。能够达到这一境界的人，才是真正的贤者，才是真正懂生活、会生活的人。

东汉严子陵与光武帝刘秀之间的轶事，亦可作为“贫有其乐，富不忘礼”的典范。

严光，字子陵，年轻时曾是东汉光武帝刘秀的同窗，他有很高的名望。刘秀称帝后，诏告天下，令人寻找严子陵。但是光有名字不好找，于是光武帝召集官廷的一流画家，描绘出严子陵的容貌，直到画得形神毕肖后，便复制了许多份，颁发天下，让各地官吏负责寻找严子陵，过了许久仍杳无音讯，这令汉光武帝十分焦虑。

这期间亦有人冒充严子陵，刘秀召见后，一一否决。时间过了许久，严子陵仍然没有一点儿消息，刘秀忧心忡忡。

严子陵到底在哪里呢？

严子陵看到刘秀打得天下，知道刘秀定会封他做官，可他向来厌恶官场。于是，便隐姓埋名，在齐县境内富春山中过起了隐士的生活。一天到晚，垂钓于溪水之中，怡然自得。

有一天，一个农夫上山砍柴，又累又渴，便到河边喝水，看见一人独自坐在河边钓鱼。他越看越觉得这个钓鱼人面熟，回到镇上，看到集市上张贴的画像，农夫才明白，山中的钓鱼人就是朝廷出重金寻找的严子陵。农夫顾不得一天劳累，扔下柴禾，飞一样跑到衙门，把此事报告给了县令，农夫也因此得到了一份奖赏。

齐县县令上书光武帝："有一个人，身披着羊皮大衣，在富春山溪水边钓鱼，这人很像严子陵。"

刘秀立即命官吏备好车马，装上优厚俸禄，想把严子陵请出富春山，然而，官车去了又回，均无多大收获。这天，官吏又一次来到富春山，严子陵说："你们认错人了，我只是普通的渔人。"使者不管他怎么解释，硬是把他推进了官车，快马加鞭，送他到了京城。严子陵住进了刘秀特意为他安排的房子，每日饭菜相当

可口，数十名仆人为他效劳，然而对于这些他不屑一顾。

侯霸与严子陵也是旧时好友。此时的侯霸已今非昔比，他接替伏湛做了大司徒。侯霸听说严子陵已到皇宫，就让臣下侯子道给严子陵送去一封书信，表示对严子陵的问候。一见严子陵，侯子道恭恭敬敬地把信递了过去。此刻，严子陵正斜倚在床上，听到是大司徒侯霸派人送信，仍然面无喜色。接过信，大概一看，便放在了桌子上。侯子道以为严子陵因为侯霸没有亲自看望自己而不愉快，忙又说："大司徒本想亲自迎接您，因为公事繁忙，一刻也脱不开身，晚上，他一定抽空登门拜访，请严先生写封回信，也好让我有个交代。"

严子陵想了片刻，命仆人拿出笔墨，他说，让侯子道写。信中写道："君房（侯霸字君房）先生，你做了大司徒，这很好。如果你帮助君王为人民做了好事，大家都高兴；如果你只知道奉承君王，而不顾人民死活，那可千万要不得。"他说到这儿停了下来，侯子道请他再说些什么，严子陵没有吭声儿，侯子道讨了个没趣回到了侯霸那里。

侯霸听完侯子道的话，面有怒色，觉得严子陵不把他这个大司徒放在眼里。于是把严子陵的一番话，报告给了刘秀，谁知刘秀却说："我了解他，他就这倔脾气。"

当天，刘秀去看望严子陵。皇帝亲自登门，这可是件大事儿，得远迎才对。可严子陵根本不理，躺在床上养神。刘秀进来后，看到他这副情景，并不恼火，走过去用手轻轻地拍了拍严子陵的肚子，亲切地说："老同学，你难道不念旧情，帮我一把吗？"严子陵说："人各有志，你为什么一定要逼我做官呢？"刘秀听后长长地叹了口气，失望地走了。

有一晚，刘秀与严子陵叙旧。刘秀问："我比从前怎么样？"

"嗯，有点儿进步。"严子陵不卑不亢地回答道。

那晚，两人睡在一起，严子陵故意大声打呼噜，并把腿压在刘秀身上，刘秀毫不介意。第二天早上，太史惊慌地来汇报："皇上，昨晚微臣观察天象，发现有一客星冲犯帝星。"刘秀轻描淡写地说："没啥大不了，昨晚我和严子陵在一起。"

刘秀封严子陵为谏议大夫，他不肯上任，仍旧回到富春山中过他的隐士生活，种种地，钓钓鱼。富春山边有条富春江，江上有个台子，据说是当年严子陵钓鱼的地方，称为"严子陵钓台"。

严子陵虽有名望与才情，但无意于富贵，固守清贫，寄情于山水，亦能自得其乐；光武帝刘秀虽慕严子陵之才，但能够尊重严子陵的意愿，以礼相待、不以王者身份压人，实为难得。他们对于彼此的态度和行为以及那种超脱的关系，也可算得上是一段佳话了。

其实，人活在世上，能否真正体会到幸福，关键在于心态，贫或富只是一种外在因素，真正有道的人是不会为其左右的。况且，贫或富也是一种像浮云一样变幻不定的东西，贫而自哀或是富而忘礼，都是轻薄不明智的，不为智者所取。

礼是一个人立世的根本，它的养成来源于生活中的点滴积累，尊礼、守礼不是做给别人看的，而是一种自觉的行为修养。古人

云“富贵不能淫”，这便是对“礼”字的一种忠诚与坚守。一个人即便飞黄腾达，既富且贵，也不要忘记初心，只有不忘本、不骄狂、不放纵，时刻将“礼”字铭记于心，时刻保持温良谦恭的本色，才不至于在人生的旅途中迷失方向。

同样，“贫贱不能移”。清贫一点没什么，但不要失了气节与礼仪。倘若我们能够以礼行天下，以乐观的心态去接人待物，那么，很多不必要的烦恼自然就会烟消云散，我们的人生之路自然也会走得更加欢畅。

勇于承担，诚实认错

子曰：“已矣乎！吾未见能见其过而内自讼者也。”

——《论语·公冶长》

【释义】

孔子说：“算了吧，我还没有看见过能够看到自己的错误而又能从内心责备自己的人。”

【智慧解析】

人即使再聪明也总有考虑不周的时候，有时再加上情绪及生理状况的影响，就会不可避免地犯错——估计错误、判断错误、决策错误。

人犯了错，一般有两种反应，一种是死不认错，而且还极力辩白；另一种是坦白认错。

第一种做法显然是非常不对的，但遗憾的是，偏偏有一些人，从不知道自己有什么过错，甚至把错的也看成是对的。这是不能“见其过”的人。有一种人，明知自己错了，却自暴自弃，或只在口头上说错了，这是不能内省自讼的人。还有一种人，有错误也能责备自己，却下不了决心改正，这是不能改过的人。无怪乎孔子感叹道：“算了吧！我没有看见过一个能看到自己的过错而又能在内心责备自己的人！”

孔子的话很简单，含义却很深刻。人非圣贤，孰能无过？但是知过很难，知过而反躬自责就更难。知过能改，非大智大勇者不能。

1970 年 12 月 7 日，时任联邦德国总理的勃兰特以“伙伴”身份访问波兰，他此行的目的是促进两国关系的正常化。

波兰是第二次世界大战中第一个被德国以闪电战击溃的国家。据悉，在第二次世界大战期间，波兰共计死亡 600 余万人，其中包括 300 万犹太裔波兰人，当时的波兰与德国可谓仇深似海。

勃兰特在 12 月 7 日当天，首先代表德国做了一件他前任所拒绝做的事情——与波兰签订《德波协定》，承认奥德河—尼斯河为德波国界，为“二战”后首次承认波兰的领土完整。

随后，他来到华沙犹太人殉难纪念碑前，虔诚地为当年起义的遇难者献上花圈，在捋顺花圈上的挽联后，勃兰特默默地后退几步，突然双膝一曲，跪倒在了纪念碑前。

据勃兰特事后表示，他之所以跪倒在纪念碑前，是因为语言已经失去了表现力。

这一跪在德国国内引发了强烈反响，许多人因此而指责他。

这一跪对数百万的波兰遇难者表达了无与伦比的尊重，勃兰特承担了过去、现在和未来意义上的责任，令整个世界为之动容。

这一跪，勃兰特用自己的谦卑、寻求和解的至诚，将一个崭新的德国展现在了世人面前，令德波和解掀开以一页新的篇章。

40 年后的同一天，2010 年 12 月 7 日，当现任德国国家总统武尔夫再度来到华沙犹太人殉难纪念碑前敬献花圈时，他表示了对勃兰特的无比尊敬。他称赞，这历史性的一跪是最伟大的和解姿态。

勃兰特这一跪为何能够引起如此大的反响？因为他让全世界看到了自己的真诚，历史的过错并不是因他而起，但作为一国的代表，他必须承担起这份历史责任，他用这一跪向波兰乃至全世界人民道出了一句最为真诚的“对不起”，他也因而得到了全世界人民的尊重。

有一些人明明是错了，却始终不愿承认，究其根由，就是面子问题在作祟，这正是一种心气高傲表现，而且这也暴露出了他内心的怯懦。这种做法不仅于事无益，还会让人鄙视，失信于人。

诚然，无论做什么事，我们都希望自己是对的。当我们得出正确的结论时，我们会感到特别高兴。当老师对学生说你答对了的时候，学生会感到自豪和快乐。相反地，如果老师说："你答错了！你没有通过考试！"那么学生就会因此害怕自己又答错，反而会答错得更多。但大多数人都应该知道，在人们所做的事情中，很少有人能说哪些事情是百分之百正确或百分之百错误的。然而，不管是在学校也好，公司也好，还是从事社会活动或是在运动场上，都无时无刻地要求着我们做正确的事情。结果很多人都在充满防御的心理下长大，而且学会掩饰自己的错误。还有一种人，他们在被指出错误之后，因为害怕再犯错，干脆就什么事情也不做。他们会变得既紧张又有抵触的心理。

当然，如果采取相反的态度，即对任何事情，都认定我对你错，这也是不明智的。一句俗话讲得好："或许你会因此而赢得某场战役，可是你最后可能会输掉整场战争。"有些人不仅坚持认定自己无时无刻都对，而且他们在辩赢了之后，还会对别人幸灾乐祸，自我吹嘘一番；这种人是典型的令人无法忍受的。而正确的做法应当是当发现自己的错误或被别人指出时，要勇于承担，诚实认错。

己所不欲，勿施于人

子贡问曰：“有一言而可以终身行之者乎？”子曰：“其恕乎！己所不欲，勿施于人。”

——《论语·卫灵公》

【释义】

子贡问：“有一句话可以用来终身奉行的吗？”孔子回答他：“大概只有‘恕’吧！自己所不想要的一切，不要强加给别人。”

【智慧解析】

这句话是孔子的经典语录之一，也是儒家文化的精华，更是自古以来有道德、有修养的人所奉行的格言警句。

“己所不欲，勿施于人”的“恕道”，孔子将其作为奉行一生的座右铭，并教给了自己的弟子。如今，常听人说“将心比心”，这实际上就是在推行“己所不欲，勿施于人”的“恕道”。

是的，自己不想要的，何必强加给别人呢？如果我们每个人都能够以对待自己的行为作为参照，来对待他人，就一定会得到别人的尊敬。

战国时期，梁国与楚国交界，两国在边境上都设置了界亭，亭卒们也都在各自的地界里面种上了西瓜。梁亭的亭卒非常勤劳，锄草浇水，瓜秧长得非常好，可是楚亭的亭卒却由于懒惰，对瓜田很少过问，瓜秧又瘦又弱，与对面瓜田的长势简直是没有办法相比。

可是楚人又十分要面子，在一个无月之夜，楚人偷跑过去把梁亭的瓜秧全部都给扯断了。结果梁亭的人在第二天发现之后，非常气愤，报告给了县令宋就，说我们也过去把他们的瓜秧扯断好了。

县令宋就听完以后，对梁亭的人说："楚亭的人这样做当然是非常卑鄙的行为，可是我们明明不希望他们扯断我们的瓜秧，那么我们为什么还要再反过去扯断人家的瓜秧？别人不对，我们如果跟着学，那就太狭隘了。你们听我的话，从今天开始，每天晚上去给他们的瓜秧浇水，让他们的瓜秧也长得好好的，你们一定要记住，你们这样做，千万不可以让他们知道。"

梁亭的人听完了县令宋就的话，觉得还是有道理的，于是就照办了。结果，楚亭的人发现自己的瓜秧长势一天比一天好，仔细观察之后发现每天早上瓜田都已经被人浇过了，而且是梁亭的人在夜里悄悄为他们浇的。

楚国的边县县令听到亭卒们的报告之后，感觉相当惭愧，又顿生敬佩之心，于是把这件事情报告给了楚王。楚王听说之后，也感恩于梁国人修睦边邻的诚心，特备重礼送给梁王，既表示自责，

也表示酬谢，两国从此亦成为了友邻。

我们应该认识到，“己所不欲，勿施于人”这是做人的一种基本修养。你不想别人怎样对你，那你最好就不要如此对待别人。譬如，你不喜欢别人对你说谎，那么自己就不要说谎；你不喜欢别人怠慢于你，那么也就不要怠慢别人……

如果我们都能以推己及人的方式处理问题，就能够创造一种重大局、尚信义、不计前嫌、不报私仇的良好社会氛围。坚持“己所不欲，勿施于人”，就能够减少一些不必要的摩擦与误会，就能够达到人与人间的真正和谐。反求诸己，推己及人，结果往往会皆大欢喜。

别被外物改变了心志

子曰：“士志于道，而耻恶衣恶食者，未足与议也。”

——《论语·里仁》

【释义】

孔子说：“读书人有志于追求真理，而又以穿破旧衣服、吃粗劣食物为耻辱的人，是不值得与之谈论真理的。”

【智慧解析】

人贵有志。但“志”对于人来说，不能仅仅作为一个符号和标记。人一旦树立了远大理想和生活目标，就要对它负责；这同时也是对自己负责，在追求事业理想的过程中，坚毅自信、果敢不疑，不随波逐流，不轻信盲从，这些都是必要必需的品质。倘若总在口头上谈理想，谈得眉飞色舞，临到阵前却又退缩，埋怨条件艰苦，那么，这种人要么是懦夫，要么是伪君子，不仅不宜与之“论道”，甚至连与之交友都要三思。所以孔子说：“读书人有志于追求真理，而又以穿破旧衣服、吃粗劣食物为耻辱的人，是不值得与之谈论真理的。”另一方面，对于自身，我们也要时时自查自省，看自己是否也有类似的毛病。

在多元化的社会生活中，人人各有其“道”，但无论你所树立的是怎样的“道”，信念坚定、不以物移，应该是必须坚持的原则。只有如此，才会使自己理想中的东西，不会一直遥遥无期。

一个23岁的女孩子，除了爱想象之外，与别人相比没有什么不同，平常的父母，平常的相貌，上的也是平常的大学。

大学的宽松环境让她有了更多的时间去想象，她的脑海中常会出现童话中的情景：穿着白纱衣裙的芭比娃娃、蔚蓝的天空、绿绿的草地，当然还有巫婆和魔鬼……他们之间有着许多离奇的故事，她常常动手把这些故事写下来，并且乐此不疲。

在大学里，她爱上了一个男孩，他的举止和言谈真的和童话里的王子一样，他是她想象中的“白马王子”，她很爱他。但是，他却受不了她的脑海中那荒唐的不切实际的想法。她会在约会的时候突然给他讲述一个刚刚想到的童话，他烦透了这样“幼稚”的故事。他对她说：“天啊，你已经23岁了，但你看来永远都长不大。”他弃她而去。

失恋的打击并没有阻断她的梦想和写作。25岁那年，她带着改变生活环境的想法，来到了她向往的具有浪漫色彩的葡萄牙。在那里，她很快找到了一份英语教师的工作，业余时间继续写她的童话。

一位青年记者很快走进了她的生活，青年记者幽默、风趣而且才华横溢。她爱上了他，他们很快步入了婚姻的殿堂。但她的奇思异想让他也无法忍受，他开始和其他姑娘来往。不久，他们的婚姻走到了尽头，他留给她一个女儿。

她经受了生命中最沉重的一击。真可谓祸不单行，离婚不久，她又被学校解聘了。无法在葡萄牙立足的她只得回到了自己的故乡，靠社会救济金和亲友的资助生活。但她还是没有停止她的写作，现在她的要求很低，只是把这些童话故事讲给女儿听。

终于有一次，她在英格兰乘地铁，她坐在冰冷的椅子上等晚点的地铁到来，一个人物造型突然涌上心头。回到家，她铺开稿纸，多年的生活阅历让她的创作热情一发不可收拾。

她的长篇魔幻故事《哈利·波特》问世了，并不看好这本书的出版商出版了这本书，没想到，此书一上市就畅销全国，达到了数百万册之巨，所有人都为此感到吃惊。

她的名字叫乔安娜·凯瑟琳·罗琳，她被评为“英国在职妇女收入榜”之首；被美国著名的《福布斯》杂志列入“100 名全球最有权力的名人”，名列第 25 位。

每个人都会有理想，但若无法坚守理想，最终将会被岁月无情地夺去，只留下苍白而又简单的色彩。而且在当今社会，人们总是认为梦想与成功之间的距离遥不可及。其实并非如此，成功与失败的分水岭其实就在于能否把自己的想象坚持到底。

尊重本性，做直爽人

子曰：“孰谓微生高直？或乞醯焉，乞诸其邻而与之。”

——《论语·公冶长》

【释义】

孔子说：“谁说微生高这个人直率？有人向他讨点醋，他不直说没有，却到他邻居家里讨了点给人家。”

【智慧解析】

现实中有很多人看似很讲义气，够直爽，但其实并非如此。比如孔子所说的微生高，有人向他要一点醋，他不说自己没有，却到他的邻居家要了给那人。这就是在矫情伪饰，虽然有人可能会说他义气，但这种方式方法在现实生活中是不足取的。

其实做人，无论是“直”还是“曲”，都应有一个度，否则一旦过了头，就会变成憨直和虚伪做作了。

所以，我们没有必要总是伪装自己，只需知道并尊重自己的本性就足可以成为一道风景。不从外物取物，而从内心取心，先树自己，再造一切，这才是你首先要做的。禅宗认为，人们先天就具有一种觉悟本性，而这种觉悟本性本来就是洁净无瑕、没有蒙受世俗间的尘埃污染的。

东汉时期，蔡县是一个很穷的地方，每年的朝贡都交不上来，因此朝廷撤掉了许多县令。

吴祐在任新蔡县县令时，有人曾给他出了很多治理百姓的点子，吴祐却都未采纳，他说：“现在不是措施不够，而是措施太多了。每一任县令都想有所作为，随意改动蔡县的制度、法令，将自己的想法强加到百姓身上，百姓都被弄得无所适从了。”

吴祐上台之后不但没有提出新的主张，而且还废除了许多不合理的规章，他召集百姓说：“我这个人没有什么本事，凡事要依靠你们自己的努力，只要有利于发展生产的，你们尽可按照自己的方法去做，我不但不干涉，还会想方设法地帮助你们。”

吴祐不干涉百姓的生产生活，又严命下属不许骚扰百姓。闲暇的时候，他整日在县衙中看书写字，十分轻闲。

有人将吴祐的作为报告给了知府，说他不务公事，偷懒放纵。知府于是把他召来，当面责怪他："听说你无所事事，日子过得十分自在，难道这是你应该做的吗？"

吴祐回答说："新蔡县贫穷困顿，只因从前的县令约束太多，才造成今天的这种局面。官府重在引导百姓，取得他们的信任，没有必要事必躬亲，把一切权力都抓到自己手里。我这样做是要调动他们的积极性，让百姓休养生息，进而达到求治的目的。我想，不出一年，你就可以看到效果了。"

一年之后，蔡县果然面貌一新，粮食有了大幅增长，县内治安也明显好转。知府到蔡县巡视一遍，对吴祐说："古人说无为而治，今日我是亲眼见到了。从前我错怪了你，现在想来实在惭愧。"

所谓的治理，并不在治而在于理，如何将人们固有的那种本性理顺、理通，能够达到一种结果自然成的状态，自然就会不治而治了。

其实做人做事，只要顺其自然地去做即可，这才是最明智的途径；否则，一旦打算用虚假来蒙蔽、用苛责去强求，往往会适得其反。

这世间有许多事，是因为人们刻意地介入而变糟，强调的人治恰恰与事物的本质相抵触，违背了事物本身的客观发展规律。在万物面前，人们应该保持尊重、虔诚的态度，不要硬性地打上个

人的烙印，这样才更有利于事物的发展，减少人生的磨难。

人之本性，就是最简单、最直率、最自然、最纯净的想法与需求！不拘于形式，率直地依照本性去做，自然就是无错了！

然而，真我本性常因外物污染而迷惑，进而丧失真我，这样的人是不会快乐的，人只有返璞归真，恢复真我本性，才能活得潇洒超脱、快乐自然。

第三卷　学而不思则罔

——深悟《论语》为学智慧

空想机遇不如自我充实

子曰："吾尝终日不食，终夜不寝，以思，无益，不如学也。"

——《论语·卫灵公》

【释义】

孔子说："我曾经整天不吃饭，整夜不睡觉，去苦苦思索，结果没有益处，还不如去学习。"

【智慧解析】

机遇总是垂青那些有准备的人。倘若你双眼观天，不求务实，坐等机遇，即便它真的来了，你也会手足无措，眼睁睁地看着它溜走。古语有云"机不可失，时不再来"，与机会失之交臂，就算你再痛苦、再懊悔，也无济于事。

为学建业，最怕的就是有空想而没行动，这无异于是在白日做梦。一个人，只有在平时注意修身养性，不断地为自己充电，使自己的知识、才学、技能达到一个相当的层次，才能为迎接机遇做好准备，才能在某一瞬间脱颖而出。

洛杉矶一家公司很不幸地被一家德国公司兼并了，在兼并合同签定的当天，公司新总裁当众宣布："我们不会随意裁员，但如果你的德语太差，无法和其他员工正常交流，那么，我们不得不请你离开。这个周末我们将进行一次德语考试，只有考试及格的人才能继续在这里工作。"散会后，几乎所有人都涌向了书店，他们这时才意识到要赶快补习德语了。只有德拉蒙德像平常一样直接回家了，同事们都认为他已经放弃这份工作了。令人意想不到的是，当考试结果出来后，德拉蒙德却考了最高分。

原来，德拉蒙德在刚进入这家公司之时，就已经认识到自己身上有许多不足，从那时起，他就有意识地开始了自身能力的储备工作。虽然工作很繁忙，但他却每天坚持提高自己。作为一个销售部的普通员工，他看到公司的德国客户有很多，但自己不会德语，每次与客户的往来邮件与合同文本都要公司的翻译帮忙，有时翻译不在或兼顾不上的时候，自己的工作就要被迫停顿。因此，他早早就开始自学德语了；同时，为了在和客户沟通时能把公司产品的技术特点介绍得更详细，他还向技术部和产品开发部的同事们学习相关的技术知识。

机遇虽然是一种客观的事物，但它却是被参与认识世界、改造世界、勤于实践的人创造出来的，它是人的主观能动性与外界环境变化的客观必然性相"合拍"的产物。

当一个人主观条件得到优化，也会影响客观环境的改变，将有利于适应个人发展的良好机遇的发生。成功者的经历证明，客观机

遇降临时，自身素质较强的人显然要比一般人更容易捕捉到机遇。

现实生活中，我们很多人都在抱怨“自己没有足够的机遇，让生活得到改善”。确实，我们无法决定自己收获多少，但可以决定自己去付出多少。到底是满足于自己目前所拥有的现状，还是通过自己的行动让它不断地生长，这取决于你自己。

不要停下学习的步伐

子曰：“学而时习之，不亦说乎？”

——《论语·学而》

【释义】

孔子说：“学了又时常温习，不是很愉快吗？”

【智慧解析】

这是《论语》的开篇之语，也是孔子思想的总纲。孔子不但在理性上一直重视学习，而且也认为，这是人内心快乐的源泉。同时，基于学习之上的感悟，更是一种智者的欢悦。人生在世，能够每天都对世界有新的认识、新的发现，并且有所体悟、有所感动，难道不令人内心愉悦吗？

孔子提倡的学习，不只限于书本学习，更重要的是学习做人、做事，因此，孔子在教学中强调“实践”。把所学的东西经过反复实践，真正掌握了，那才能体会到真正的喜悦。这是一个人成长的喜悦。

宋代大儒朱熹曾用“涵泳”来论读书。所谓“涵”，好比绵绵春雨滋润花草，好比清清渠水灌溉禾苗。春雨滋润花草，太小就难以使花草透湿，而太大就容易使花草倒伏，恰如其分则会使花草浸湿而又滋润。渠水灌溉禾苗，太小不会使禾苗得到滋润，太多就会使禾苗淹没，恰如其分就会使禾苗滋润而茁壮。所谓“泳”，好比鱼儿在水里游动，好比人在水里洗脚。程颐说鱼儿在潭水里跳跃，显得十分活泼；庄子说在桥上看鱼儿在河里游动，人们哪里知道它们不快乐呢？这是鱼儿在水中得到愉悦。善于读书的人，把书籍看成水，将自己的心智当作花草、当作禾苗、当作泳水的鱼、当作洗涤过程，这样，在享受读书的同时，也在潜移默化中提升了自己的学问水平和生活趣味。

清朝入关后的第二个皇帝康熙，在幼年的时候就刻苦读书，每日竟达十余小时之多。及至青年时，经史子集便已烂熟于心了。特别难能可贵的是，他成年以后，在治理国家的实践中，知道了自然科学的重要，便发奋地学习起自然科学来。据史书《正与欠奉褒》记载：他亲自召见外国传教士中明白自然科学的徐日升、张诚、白晋、安多等人，请他们轮流到内廷养心殿讲学。讲学内容有量法、测算、天文、历法、物理诸学。就是外出巡视，也邀请张诚等人

随行，于公事之余，或每日，或间日，至寓外讲学。康熙帝虚怀若谷，认真学习，甚至还亲自演算，一丝不苟。西人张诚在给自己国家的报告中也说：“每朝四时至内廷侍上，直至日没时还不准归寓。每日午前二时间及午后二时间，在帝侧讲欧几里得几何学或物理学及天文学，以及炮术的实地演习的说明。上甚至有时忘记用膳……”

康熙帝不止虚心地向外国传教士学习，还能礼贤下士向国内许多有学问的人请教。多次召见当时有名的数学家陈厚耀，有名的天文学家、数学家梅文鼎，研讨各种学问。他还不耻下问，向梅文鼎请教数学、天文学的许多难题，并认真揣摩，直至达到消化理解，融会贯通为止。

坚持不懈的学习生活，使康熙帝的学问博大精深，特别是在自然科学方面更有造诣。他经常在宫中设立讲堂，为王子皇孙们讲授几何学。每遇王子皇孙玩忽学业，他都严惩不贷。他还批阅了梅文鼎的许多著作，并提出不少具体意见，连梅文鼎都惊讶他的学问渊博。他还接受数学家陈厚耀的建议，编纂了一本集当时数学之大成的百科全书《数理精蕴》，书草成后，他亲自审阅，有时已过子夜尚在阅读。康熙帝刻苦自励的学习生活和所达到的知识水平，直接促成了康熙盛世的出现。

现在很多人读书只是为了消遣，或者是为了炫耀，为显示自己的修养，这样的人读书就离开了大道。

读书摆脱了功利的实用主义，把读书看成修身之必需，这样书才能读出味道，读时才能不浮躁，静下心，持之以恒。心静、明理的结果必然是学习上的持恒和透彻。

对于我们而言，若想在人生之中有所建树，无论你身处哪一岗位、从事何种事业，都不能停下学习的步伐。你应该清楚地意识到，知识、技能是事业的基石。在它们能够支撑你的事业时，绝不能懈怠，令其落在时代后头；当它们不能达到事业要求时，你必须增加学习任务，以适应时代的变化。如此你会发现，在瞬息万变的信息时代，只有通过学习来超越自我，你的人生才会更有意义。

学习是一辈子的事情

子曰："吾十有五而志于学，三十而立，四十而不惑，五十而知天命，六十而耳顺，七十而从心所欲，不逾矩。"

——《论语·为政》

【释义】

孔子说："我十五岁时开始立志学习；三十岁能自立于世；四十岁时明白了世间事不再有疑惑；五十岁时懂得了天命；六十岁能听得进不同的意见；到了七十岁时已经达到随心所欲的地步，

但从来都不会逾越规矩。”

【智慧解析】

人的一生短暂，但生命的成长和精神境界提升的历程却是一个漫长的过程。许多人都在追逐一些华而不实的东西，却忽视了作为人一生中一切事务的根基的进德修业功课，以致到头来才发觉自己的一生其实都处于浑浑噩噩的状态中，并未取得任何实质性的成就。

孔子是怎样做的呢？他告诉大家——“我十五岁时开始立志学习；三十岁能自立于世；四十岁时明白了世间之事，不再有疑惑；五十岁时懂得了天命；六十岁能听得进不同的意见；到了七十岁时已经达到随心所欲的地步，但从来都不会逾越规矩。”

自我的完善，不仅是为人处世的前提条件，更是自身充实生命的需要，因此，需要时时处处勤奋努力。即使这样，能达到孔子所说的那种境界也是有困难的。但因此而放松懈怠，却更是一种自弃，没有人能够在自己的生命之外，找到真正能安身立命的所在。

“我一生都在教育界和学术界里‘混’”季羡林先生如是说，“这是通俗的说法。用文雅而又不免过于现实的说法，则是‘谋生’。这也并不是一条平坦的阳关大道，有‘山重水复疑无路’，也有‘柳暗花明又一村’。回忆过去60年的学术生涯，不能说没有一点经验和教训。迷惑与信心并举，勤奋与机遇同存。把这些东西写了出来，对有志于学的青年们，估计不会没有用处的。这就是‘一拍即合’的根本原因。”

季羡林先生的治学禀赋超乎寻常，他的学识不但广而且深，可谓活到老学到老，从不知疲倦。以他研究过的《浮屠与佛》为例，从 1947 年用汉、英两种文字发表此文，其中有些问题由于当时条件有限感觉不太满意。直到 1989 年，历时 40 余年，季羡林先生不断搜集资料，又写一篇《再谈“浮屠与佛”》，解决了那些问题。

正所谓“学无止境”，为学修业绝不应该满足。人这一生，需要学习的东西数不胜数，我们应该有的放矢，身上缺少什么，就补充什么，如此才能不断地完善自己。

毫无疑问，学习是有利于人生进步的，同时，它亦可充实我们的生活。一个人如果知道自己学得不够，自然而然就会谦虚谨慎，而越学又越会觉得自己无知、渺小，于是自己的感悟及收获就会大增。

毫不过分地说，学习，是我们立足于社会的根本。在今天，唯有懂得学习、会学习，才能摘下属于自己的胜利果实。

所以，每一个志在成功的人，必须不断在工作和生活中学习新的知识、汲取新的养分，借以不断提升自身的能力。

要活读书不要死学习

子曰："学而不思则罔，思而不学则殆。"

——《论语·为政》

【释义】

孔子说："只读书而不去思考，就会犯糊涂而无所得；只顾思考而不去读书，则容易陷入空想而出现问题。"

【智慧解析】

关于"学"与"思"的关系，人们在理论上大概都能认识到必须并重，但在实际中，很多人往往会偏废一方面。可见这不仅是态度问题，更是方法问题。"学"是求乎外，在于知物；"思"是求乎内，在于明理。这种外学和内省，在人的成长中应是相辅相成的事情，是同等重要的。

孔子说："只读书而不去思考，就会犯糊涂而无所得；只顾思考而不去读书，则容易陷入空想而出现问题。"学习也如同人走路，必须用两条腿走路，否则，轻则发生倾斜，重则寸步难行。

古语有云：读书不见圣贤，如铅椠庸；讲学不尚躬行，如口头禅。其意为：枉读诗书，却不能参透先贤的神髓，最后只能成为一个卖字先生；教书却不能身体力行，和一个只会念经却不懂佛理的和尚一般无二。

正所谓“全信书，不如无书”。固有知识是前人在探索世界以后，总结出的直接经验，对于你而言则是一种间接经验。学习和继承前人的成果，确实可以让我们少走很多弯路，但若想知识真正成为事业的推动器，我们就必须摒除只重理论，不注重实际运用的错误做法。

事实已经证明，科学上的进步、技术的革新、社会的发展，就是一个不断提出疑问、解决疑问的过程，即一个从无疑到有疑，从有疑到释疑的过程。人生同样如此，若想推开事业的大门，我们必须要学，但绝不能学“死”，要敢于提出质疑，要懂得触类旁通学以致用；反之，如若一味抱残守缺，拘泥于固有知识、经验，就不会有什么创见。

有兄弟二人就读于同一所大学的市场营销专业，毕业后来到了同一家公司。

一年以后，公司老板提拔哥哥当了营销主管，弟弟感到很委屈，他觉得自己比哥哥更加守纪尽责，读书时成绩也比哥哥好，而公司却提拔了哥哥，这太不合理了。

弟弟的想法完全被老板看在眼里。一天上午，他不动声色地将弟弟叫到办公室，指示他去一家市场调查白菜的行情，然后回来向他报告。

弟弟来到市场以后，看到那里只有两个摊位，且卖的都是鸡

蛋。于是，他返回公司向老板报告："市场上不卖白菜，只有两个卖鸡蛋的摊位，所以我无法了解白菜的行情。"

老板听后让弟弟暂且坐下，又叫来了哥哥，并指派了同样的任务。

哥哥走后，老板对弟弟说："看看你哥哥是怎么做的。"

一段时间以后，哥哥走进办公室："卖白菜的人已经走了，经过打听得知，今天的白菜售价是每千克 0.3 元，销路很好；现在市场上只有两个卖鸡蛋的，价格为每千克 5 元。据卖货人讲，近期鸡蛋货源非常充足，如果想大量购买，价格还可以降低。如果您想要进一步的资料，我可以把卖鸡蛋的人找来。"未等经理讲话，弟弟就已经羞愧地走出了办公室。

其实，这样的事例在生活中不胜枚举。例如：当城市人来到农村以后，很多人甚至分不清麦苗与韭菜。之所以会这样，是因为城市人只是在书本上见过麦苗与韭菜，在实际生活中并没有见过，而农村人因为接触多了，所以能分辨得一清二楚。

由此可见，在人生中求发展，在社会上求生存，只"学"是远远不够的。如果你不能将学到的知识、经验进行加工整合，变成自已的东西，就永远都得不到真正的学问。

《礼记》有言：博学之，审问之，慎思之，明辨之，笃行之。"学"是为了掌握一技之长，以此安身立命，谋求发展。然而若不能把学来的"技"活用起来，只知固守成规，到头来，依然无所得。

时代在发展，竞争形势愈演愈烈。所谓人才，必须在学有所长的基础上，用你所掌握的知识、技能去盘活人生，创造最大的价值。

把所学应用到实践中

子曰："君子不器。"

——《论语·为政》

【释义】

孔子说："君子不应该仅如器皿一样（是指才识狭隘）。"

【智慧解析】

一个志在成功的人不仅要勤学精通书本上的知识，更通晓世间一切事情的规律，活学活用，绝对不做一个如"器皿"般才识狭隘的人，这样才能有所作为。

也就是说，一个人仅仅勤学、能学是远远不够的，更重要的是，你能不能把知识运用到实践之中。

光会学习，却不能将其有效地应用于实践中，那么，再好的学识也是"银样镴枪头"。学习，只有经过实践的磨炼才能成为"活智慧"，古人说："纸上得来终觉浅，绝知此事要躬行。"就是这个道理。

这是我们必须领悟的一种能力。只会纸上谈兵，何以致用、何

以展现才能？现在很多人都说就业太难、成功太难，是成功的难度大，还是我们能力不够？抑或是你的方法不对？

举个例子：每个人读同一篇文章、同一本书，都会有不同的效果。处于人生的迷茫与失落阶段，有的人读一些书，就能够触类旁通，启发心灵的力量，找到人生的方向；有的人就算读几遍也是枉然，不是因为他们没有知识，而是不懂得领悟与运用。其实，很多人生道理都是相通的，你能在一个道理上开悟，多数问题就会迎刃而解，这就是学以致用，因一叶而知秋。

有人问长江实业集团有限公司董事局主席李嘉诚：“李先生，您成功靠的是什么？”李嘉诚非常肯定地回答说：“靠学习、不断地学习，并把所学的东西充分应用到实践中。”可能有些人会认为李嘉诚的成功在于幸运、在于机遇、在于当时的大环境，但事实上这些都是次要因素，最关键的还是李先生能够不断地学习，并学以致用，才使得他获得了如此的成功。

会学和会用，这是成功必备的两个条件，善学而不会用，不能把知识变成能力，这样的人华而不实，经营人生也会像无头苍蝇一样，四处碰壁，难成大事。

有这样一个学生，他当时临近大学毕业，但已经是IBM的正式员工了。不过，这不是强调的重点，其实是他的学习感悟对我们更有启示意义。他的学习成绩不拔尖，但却能够学以致用，比如他的英语就不够理想，但在外企工作、沟通已经绰绰有余，当然，他还在不断提高着。他了解自己的基点，自己的需求，所以有目的、有计划地做好当下的每一件事。与之交谈时他曾说："刚上大学那会儿，我也想做学霸，那多风光啊。可是牛人真多，无论我怎么努力，成绩也不如人家，后来读了些书，又思考了很多，也渐渐明白了些事理，我开始有针对性地学习一些实用性较强的知识，并尽力把学到的知识用到最好，这也算是扬长避短吧。"

这只是生活中一个平常的场景，可就是如此简单、平常的事情，却并非每个人都能做到。尽力把学到的知识用到最好，这是人生发展的保证。在社会上求生存，光"学"是远远不够的。如果你不能将学到的知识、经验进行加工整合，变成自己的东西，就永远都不可能得到真正的学问。

不要不懂装懂

子曰："由！诲女知之乎？知之为知之，不知为不知，是知也。"

——《论语·为政》

【释义】

孔子说："仲由！我教你的东西你都懂得了吗？懂得了就是懂

得了，没有懂就是没有懂，这才是真正的有智。”

【智慧解析】

知道就是知道，不知道就是不知道，不要不懂装懂。人生在世，我们每个人都不可能对任何事情精通于心，必然有很多需要弥补和学习的地方。不懂装懂就好像是给不足之处盖上了一块遮羞布，施了个障眼法，暂时挡住了别人的视线，让自己能够苟延残喘。殊不知，等到真相大白的那一天，不懂装懂的人终究是要为自己的无知付出代价的。

有一个博士被分到一家研究所里工作，他成为了这个所里学历最高的一个人。有一天他到单位后面的小池塘去钓鱼，正好正、副所长在他的一左一右，他们也在钓鱼。

“听说他俩也就是本科学历，有啥好聊的呢？”这么想着，他只是朝两人微微点了点头。

不一会儿，正所长放下钓竿，伸伸懒腰，噌噌噌从水面上如飞似的跑到对面上厕所去了。

博士的眼珠子都快掉下来了。“水上漂？不会吧？这可是一个池塘啊！”

正所长上完厕所回来的时候，同样又是噌噌噌地从水上漂回来了。

“怎么回事？”博士生刚才没去打招呼，现在又不好意思去问，自己是博士生哪！

过一阵，副所长也站起来，走了几步，也迈步噌噌噌地漂过水面上厕所了。

这下子博士更是差点昏倒："不会吧，到了一个江湖高手云集的地方？"

过了一会，博士生也内急了。这个池塘两边有围墙，要到对面厕所非得绕十分钟的路，而回单位又太远，怎么办？

博士生也不愿意去问两位所长，憋了半天后，于是也起身往水里跨，心想："我就不信这本科学历的人能过的水面，我博士生不能过！"

只听"扑通"一声，博士生栽到了水里。

两位所长赶紧将他拉了出来，问他为什么要下水，他反问道："为什么你们可以走过去呢？我就掉进水里了呢？"

两位所长相视一笑，其中一位说："这池塘里有两排木桩子，由于这两天下雨涨水，桩子正好在水面下。我们都知道这木桩的位置，所以可以踩着桩子过去。你不了解情况，怎么也不问一声呢？"

不懂装懂不仅无用，反而有害。汉代鸿儒董仲舒曾写道："君子不隐其短，不知则问，不能则学。"所谓"不隐其短"就是要敢于承认自己的不足，敢于解剖自己。"不知则问"就是让自己少几分羞涩与虚荣，多几分坦诚与谦虚。"不能则学"就是要学习自己原来不明白的东西，弥补缺陷，不断充实自己，让自己成为一个有真才实学的人。

无论是谁，他所掌握的，都只是知识海洋里微乎其微的一小

部分。然而在现实中，能够认识到这一点的人却很少，以致希腊著名喜剧家阿里斯托芬的弟子阿里斯塔克说："从前，全希腊仅有7位智者，因为只有他们才知道自己的无知。而当前，要找出7个自知无知的人却很不容易。"

求知最忌讳的就是自欺欺人，不懂装懂。如果是为了读书获得知识，这种"自欺欺人"则会有碍进步；如果让总爱不懂装懂的人领导企业，则会"小则害已害人，大则毁掉企业"。为此，对于我们而言，绝不要低估了不懂装懂的危害，不要不懂装懂，要做到知之为知之，不知为不知。

虚心求教，夯实自我

子入大庙，每事问。或曰："孰谓鄹之子知礼乎？入大庙，每事问。"子闻之，曰："是礼也。"

——《论语·八佾》

【释义】

孔子来到周公庙，每件事情都发问。有人便说："谁说叔梁纥的这个儿子懂得礼呢？他到了太庙，每件事都要向别人请教。"孔子听到后，便说道："（不懂的地方就问）这正是礼呀。"

【智慧解析】

孔子说这些话是在担任鲁国司寇时，此时他已到知天命的年龄了，他的知识、为人，那时早已闻名遐迩，对太庙的一切他真的一无所知吗？显然不是，其所以"每事问"，正表现了孔子处处谦虚、谨慎，虚心好学，不耻下问的治学精神。

常言道，大海之所以为大，在不拒细流；高山之所以为高，在不辞壤土。知识不惧多，学问无止境，不知则学，精益求精，既是做人的道理，也是求学之道。古今之伟人、名人，在学业、事业上有造诣的人，莫不具备"每事问"的精神。

有神医之称的我国古代医学家华佗精通内科、外科、妇科、儿科、针灸等，其中，尤以外科最为擅长。华佗成名以后，来寻他诊治的人非常之多。

某日，有一年轻人前来看病，华佗询问检查过后得出结论："你所患之病为头风病，药倒是有，只是药引子无法寻找。"

"需要用什么作药引子呢？"

"生人脑。"病人闻言吓了一跳，这药引确实无法寻找，于是，只得失望地回家了。

一段时间以后，年轻人又遇到位老先生，老先生问他："你可曾找人看过？"

"我找华佗看过，他说要用生人脑做药引。"

老先生摇摇头，说道："不必非用生人脑，你去找十顶旧草帽，

熬汤喝了就可以。记住，一定要找人家戴过多年的。”

年轻人依言而行，果然药到病除。

又一日，华佗巧遇该年轻人，见他精神抖擞，不似有病模样，于是惊讶地问道：“你的头风病治愈了？”

“是啊，多亏了一位老先生。”

华佗将事情了解清楚，心里非常敬佩那位老先生。他决定向老先生请教。但他知道，如果人家知道他是华佗，肯定不会收自己为徒弟。于是，他将自己扮成一名普通人，跑到老先生那里当起了徒工。

直至三年以后，老先生外出，华佗在为人治疗疑难杂症时被老先生看穿了身份。对华佗的好学精神老先生极为钦佩，于是便将自己多年的行医经验及所得偏方倾囊相授。从此，历史上便有了这样一段虚心求教、不耻下问的美谈。

所谓“人外有人，天外有天”。纵然你身怀绝技，也会有人更胜于你，纵然你才高八斗，毕竟也是所知有限。谦虚是求学建功必备的一种素质，谦虚使人进步。

虚心求教、不懂就问的良好习惯，不仅体现出一个人良好的修养和深厚的内涵，而且在实际的学习和生活中，也会让自己受益匪浅，不断地提升水平。

尤其是在当竞争双方条件不相上下时，往往是低调而谦虚的人更容易得到认可，因为他给人的感觉更真诚、更富有人情味；相反，态度傲慢、自以为是的人，多是不受人待见的，因为张狂总是会刺伤别人的自尊心，引起他人的反感甚至是防范，从而陷入了被动。

所以，不要因为别人在某一方面不如自己，就轻视别人。须知，人各有所长，虚心可以使我们取长补短。如此一来，我们才能随时随地地严格要求自己，充实自己，才能在虚心求教中不断地进步。

古往今来，那些在各自领域做出杰出成就的人，多是虚心好学之人，他们虚心求教的对象，是不拘于任何人的。或许正因为如此，成功才如此眷顾他们。这是一种“礼”，更是一种为人治学的正确态度。

多师前人，提升自我

子张问善人之道。子曰：“不践迹，亦不入于室。”

——《论语·先进》

【释义】

子张问怎样才是善人，孔子说：“善人不踩着前人的脚印走，但他的学问道德也难以精深入室。”

【智慧解析】

一个人有做大事的目标，也有奋发进取的精神，这无疑是很好

的。但是，在奋斗的过程中，方法也是极为重要的。否则，就有盲目不得法或走错路的可能。一般来说，每种事业都已有前人开拓的道路和已取得的成就，那么后学者就有必要沿着前人的足迹前进。这样不仅不会误入歧途，还会大有裨益。因此，善于继承总结和利用已有的资源，并且能虚心向比自己有才能、有经验的人请教，是每一个事业开始起步的人所必须学会的方法。

中国有句俗话，“不听老人言，吃亏在眼前”。很多时候，“老”并不只代表一种年龄状态，其实它更是人生经验和智慧的象征。在人生事业的岔路口，多听听“老人”的意见，对自己的选择是有很大好处的。

西汉初年，班超为西域都护使。他在漠北任职达 30 多年，威慑西域诸国。在他任期内，西域各族不敢轻举妄动，因此汉朝西北部边疆及西域地区得以和平安宁。为此朝廷封其为定远侯，可谓功成名就。

当班超年老力衰之后，感觉自己已不能胜任此职，便上表请辞。皇帝念其劳苦功高，便批准了他的请求，让任尚接替他的职务。

为了更好地交接，任尚拜访了班超，问他：“我要上任去了，请您教我一些治理西域的方法。”

班超打量一下任尚答道：“看你的样子就是个性子刻板的人，所以我有几句话奉劝你：当水太清时，大鱼就没有地方躲藏，量它们也不敢住下来；同样为政之道也不能太严厉、太挑剔，否则也不容易成功。对西域不能太认真，做事要有弹性。大事化小，繁事化简才是。”

任尚听了，大不以为然。虽口头上表示赞成，内心却不服。

“我本以为班超是个伟大人物，肯定有许多高招教我，却只说了些无关痛痒、无足轻重的话，真令我失望。”

任尚果然把班超的教诲当作了耳旁风。他到达西域后，严刑峻法，一意孤行。结果没过多久，西域便有人起兵闹事，该地就此失去了和平，又陷于激烈的兵荒马乱状态。

出现这样的结果，任尚想必是非常后悔的。但是，大乱已酿成，后悔已无济于事了。

班超出使西域数十年，他的成功经验当然是宝贵的。任尚毫无治理西域的经验，应该认真领会才对。可惜的是任尚太过自以为是，不但没听从班超的正确意见，而且还反其道而行之。因此，他后来铸成大错，也就没什么可奇怪的了。

前人用几十年摸索出来的经验之路，我们要从他们那里学习。就像你要去别人家里，最快的方法当然是让他带你去，因为他最熟悉这条路了。所以不论你从事什么行业的工作，进步最快的方法，就是去找你这一行业的最优秀者，多见世面，增长见识，去跟最优秀的人接触、交谈，向他学习。

难不倒善思考的人

子曰："吾有知乎哉？无知也。有鄙夫问于我，空空如也。我叩其两端而竭焉。"

——《论语·子罕》

【释义】

孔子说："我有知识吗？其实没有知识。有一个浅陋的人问我，我对他谈的问题一点也不知道。我只是从问题的两端去问，这样对此问题就可以全部搞清楚了。"

【智慧解析】

成功者之所以能够成功，与其与众不同的思维方法存在着莫大关系。这类人很少随波逐流，往往灵机一动就会有一个新点子。生活中，我们也需要这种在别人不注意的地方发现机会的"灵机一动"。换句话说，在这个世界上根本不存在所谓的什么困难，唯一存在的就是暂时没有找到解决办法的问题，可能有时，当我们换一个思路来思考问题，就能轻而易举地找到解决问题的办法。

有一家生产牙膏的公司，产品优良，包装精美，深受广大消费者的喜爱，每年营业额蒸蒸日上。

记录显示，前十年该公司每年的营业额增长率为 15% ~ 20%，不过，随后的几年里，业绩却停滞下来，每个月基本维持同样的数字。

公司总裁便召开全国经理级高层会议，以商讨对策。

会议中，有位年轻经理站起来，对总裁说："我手中有张纸，纸里有个建议，若您要使用我的建议，必须另付我 10 万元！"

总裁听了很生气说："我每个月都支付你薪水，另有分红、奖励。现在叫你来开会讨论，你还要另外要求 10 万元，你是不是过分了？"

"总裁先生，请别误会。若我的建议行不通，您可以将它丢弃，一分钱也不必付。"年轻的经理解释说。

"好！"总裁接过那张纸后，看完，马上签了一张 10 万元支票给那年轻经理。

那张纸上只写了一句话：将现有的牙膏管口的直径扩大 1 毫米。

总裁马上让人更换新的包装。

试想，每天早上，每个消费者挤出比原来粗 1 毫米的牙膏，每天牙膏的消费量将多出多少呢？

这个决定，使该公司随后一年的营业额增加了 25%。

当总裁要求增加产品销量时，绝大多数高级主管一定是在考

虑，怎样才能扩大市场份额？怎样才能把产品推广到更多地区？一些人可能连怎样在广告方面下功夫都想到了，但这些老生常谈未必起得了作用。只有那位年轻经理换了个思路——增加老顾客的消费量，不是同样能达到增加销售的目的吗？而且这个方法更简单、更有效。灵活的思考对一个人的成功是非常必要的，能够从另一个角度看问题，见人所不见，善于突破常规，这就是创造。

俗话说："三分苦干，七分巧干。"这其实就是告诉我们，在做事情的时候一定要重视寻找解决问题的办法和思路，要用灵活的方法来解决问题，千万不能一味地蛮干。

创新变通是企业制胜的法宝，是我们每一个人获得发展，取得成功的不二法门，更是把复杂问题简单化的捷径。

美国著名的企业家詹姆斯在总结自己成功经验时说道："你可以超越任何障碍。如果它太高，你可以从底下穿过；如果它很矮，你可以从上面跨过去。"

发散式的思维使人赢得更多成功机会。一个善思考的人，不会总在一个层次做固定思考，他们知道很多事情都是多面体，如果你在一个方向碰了壁，那也不要紧，换个角度说不定你就会走向成功。

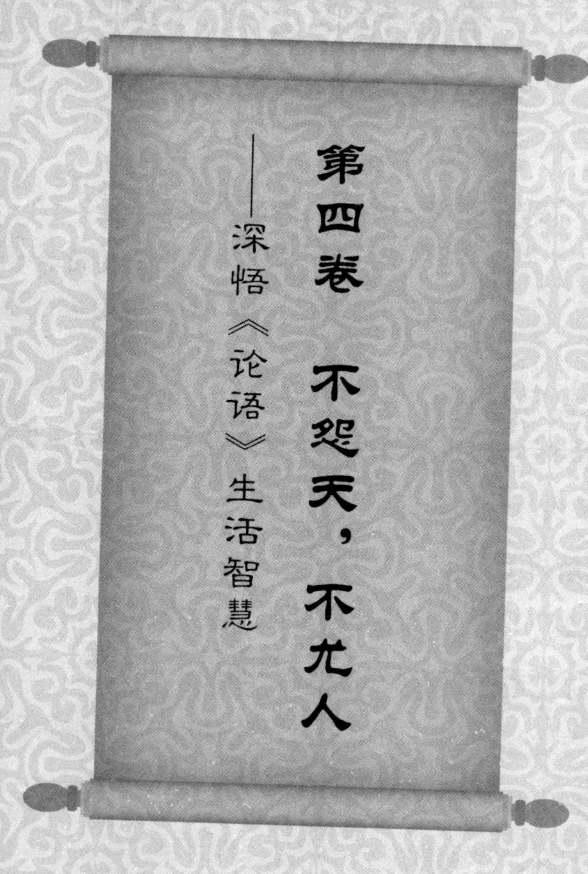

第四卷 不怨天，不尤人

——深悟《论语》生活智慧

有缺憾未必是坏事

子曰："苗而不秀者有矣夫！秀而不实者有矣夫！"

——《论语·子罕》

【释义】

孔子说："庄稼出了苗而不能吐穗扬花的情况是有的，吐穗扬花而不结果实的情况也有。"

【智慧解析】

发芽却不开花，开花却不结果，这种憾事在自然界当然存在。事物发展总是遵循着自身的规律，即便不够理想，也不会单纯因为人的意志发生改变。如果有谁试图使既定事物按照自己的要求发展变化，而不顾客观条件，那么一开始就已经注定了失败。所以必须认识到，有缺憾并不一定是一件坏事。

有位朋友一向喜欢玉石，那天，他去首饰店，看中了一块玉。付钱的时候，小贩又重复了一次：

"我卖你这玛瑙，再便宜不过了。"

他笑笑，没说话，小贩以为他不信，又加上一句：

“真的，不过这么便宜也有个缘故，你猜为什么？”

“我知道，它有斑点。”他本来不想提的，被他一逼，只好说了，免得他一直啰唆。

“哎呀！原来你看出来了，玉石这种东西有斑点就差了，这串项链如果没有瑕疵，哇，那价钱就不得了啦！”

他买了项链，默默地走开了。

回到家里，他对父亲讲了事情的经过。

然后父亲对他说：“这串玛瑙的斑痕的确让人一眼便可看到，但我们凭什么要说有斑点的东西不好？水晶里不是有一种叫‘发晶’的种类吗？虎有纹、豹有斑，有谁嫌弃过它的皮毛不够纯色？就算退一步说，把这斑纹算作瑕疵，世间能把瑕疵如此坦然相告的人也不多吧？凡是可以坦然相见的缺点都不该算缺点的。所有的无瑕是一样的——因为全是百分之百的纯洁透明，但瑕疵斑点却面目各自不同，有的斑痕是藓苔数点，有的是砂岸逶迤，有的是孤云独去，更有的是铁索横江，玩味起来，反而令人忻然心喜。”

听了父亲的一番话，他此时，觉得那串玛瑙越发贵重起来。

其实，生活中本无完美，也不需要完美。我们只有在鲜花凋零的缺憾里，才会更加珍视花朵盛开时的温馨美丽；只有在人生苦短的愁绪里，才会更加热爱生命拥抱真情；也只有在泥泞的人生道路上，才能留下我们生命坎坷的足印。

看得惯残破，也是一种历练、一种豁达、一种成熟。

有位朋友，单身半辈子，快50岁，突然结了婚。新娘跟他的年龄差不多，徐娘半老却风韵犹存。只是知道的朋友都窃窃私语："那女人以前是个演员，嫁了两任丈夫，都离了婚，现在不红了……"

不知道话是不是传到了他耳里。有一天，他跟发小儿出去，一边开车、一边笑道："我这个人，年轻的时候就盼着开奔驰车，没钱，买不起；现在呀！还是买不起，买了辆三手车。"他开的确实是辆老奔驰，发小儿左右看看说："三手？看来很好哇！马力也足！""是呀！"他大笑了起来。"旧车有什么不好？就好像我太太，前面嫁个四川人，又嫁个上海人，还在演艺圈待过20多年，大大小小的场面见多了。现在老了、收了心，没了以前的娇气、浮华气，却做得一手四川菜、上海菜，又懂得布置家。讲句实在话，她真正最完美的时候，反而都被我遇上了。""你说得真有理！"发小儿说："别人不说，我真看不出来，她竟然是当年的那位明星啊。""是啊！"他拍着方向盘："其实想想我自己，我又完美吗？我还不是千疮百孔，有过许多往事、许多荒唐，正因为我们都走过了这些，所以两个人都成熟了，都知道让、都知道忍，这不完美，正是一种完美？"

的确，不完美才是生活的真滋味，有时不完美的东西从另一个角度看，反而越发觉得它珍贵，那我们又何必苦苦求索不切实际的东西？当我们用挑剔的眼光去看待人生时，我们的潜意识已经非常不满了，我们的内心已然不能平静——一床凌乱的毯子、车身上一道划破的痕迹、一次不理想的成绩、数公斤略显肥胖的脂肪……这些都能成为我们烦恼的原因，这表明我们的心思已经完全专注于外物，失去了自我存在的精神生活，我们不知不觉地迷失了生活应该坚持的方向，被苛刻掩住了宽厚仁爱的本性……这种状态肯定不能让它持续下去，因为这会给我们以及我们身边的人带来很大的伤害。任何事都不可能尽善尽美，所以我们完全没有必要太过苛求自己，苛求身边的人和事。

诚然，没有人会满足于本可改善的不理想现状。不过，我们不提倡苛求完美，但并不是说我们不可以去向往，我们当然可以让自己做得更好：让孩子健康成长，让父母老有所依，让朋友放心托付，让自己问心无愧。幸福，不就是这么简单吗？

放弃无休止的抱怨

子曰："不怨天，不尤人，下学而上达。知我者其天乎！"

——《论语·宪问》

【释义】

孔子说："我不埋怨天，也不责备人，下学礼乐而上达天命，

了解我的只有天吧！”

【智慧解析】

在儒家看来，“不怨天，不尤人”代表的不仅是一种积极的人生态度，更是一种个人修养最佳的道德境界。

孔子的这番话也应该成为我们生活的信条，当我们遇到挫折与失败的时候，不要将自己的失落和苦闷归结于上天，更不要将自己的过错和失误归咎于他人，因为这是一种避世的胆怯，是一种利己的私心。就好像射箭一样，当射不中靶子的时候，一定要从自身寻找原因，要深刻检讨自己的技艺。

有两个一起长大的孩子因为特殊原因失去了父母，后来都被来自欧洲的外交官家庭所收养。两个人都上过世界上有名的学校，但他们两个人之间却存在着不小的差别：其中一个30多岁就成了成功商人；而另一个在国内某所学校任教，待遇不错，但他一直觉得自己很失败。

2010年，那位在欧洲经商的孩子回国了，邀请朋友邻居一起吃饭，也包括在国内任教的那个孩子。他们一起去吃晚饭。晚餐在寒暄中开场了，大家谈论着这些年各自的发展变化以及所经历的趣闻轶事。随着话题的一步步展开，那位教师开始越来越多地讲述自己的不幸：他是一个如何可怜的孤儿，又如何被欧洲来的父母领养到遥远的地方，他觉得自己是如何的孤独。他怀着一腔报国的热忱回国，又是如何困难重重等。

开始的时候，大家都表现出了同情。随着他的怨气越来越重，那位经商的孩子变得越来越不耐烦，终于忍不住制止了他的叙述：“够了！你一直在讲自己有多么不幸。你有没有想过，如果养父母当初在成百上千个孤儿中挑了别人又会怎样？”教师直视着他的发小儿，即那个经商的孩子说：“你不知道，我不开心的根源在于……”然后接着描述他所遭遇的不公正待遇。

最终，经商的孩子说：“我不敢相信你还在这么想！我记得自己25岁的时候无法忍受周围的世界，我恨周围的每一件事，我恨周围的每一个人，好像所有的人都在和我作对似的。我很伤心无奈，也很沮丧。我那时的想法和你现在的想法一样，我们都有足够的理由报怨。”他越说越激动。“我劝你不要再这样对待自己了！想一想你有多幸运，你不必像有些孤儿那样度过悲惨的一生，实际上你接受了非常好的教育。你负有帮助别人脱离贫困旋涡的能力和责任，而不是找一堆自怨自艾的借口把自己围起来。在我摆脱了顾影自怜，同时意识到自己究竟有多幸运之后，我才获得了现在的成功！”

那位教师深受震动。这是第一次有人否定他的想法，打断了他的凄苦回忆，而这一切回忆曾是多么容易引起他人的同情。

经商的孩子很清楚地说明，他们二人都曾在同样的环境下历经挣扎，而不同的是，他通过清醒的自我选择，让自己看到了有利的方面，而不是不利的阴影。

有句话说得好，“凡墙都是门”，即使你面前的墙将你封堵得密不透风，你也依然可以把它视作你的一种出路。琐碎的日常生活

中，每天都会有很多事情发生，如果你一直沉溺在已经发生的事情中，不停地抱怨，不断地指责，总觉得别人都比你过得好，总觉得生活亏待了自己。这样下去，你的心境就会越来越沮丧。

一个人，只有放弃无休止的抱怨，才能始终保持乐观健康的良好心态，从而积极向上，有所作为。

用善意和这个世界对话

哀公问："弟子孰为好学？"孔子对曰："有颜回者好学，不迁怒，不贰过。不幸短命死矣。今也则亡，未闻好学者也。"

——《论语·雍也》

【释义】

鲁哀公问孔子："你的学生中谁最好学？"孔子回答说："颜回勤奋好学，从不迁怒于人，也不会在同一个错误上跌倒两次。只可惜，天妒英才，他不幸短命。他死后，我的学生中再没有真正好学的人了"。

【智慧解析】

孔子在这里说的虽是"好学"的问题，但从他赞许颜回的态度

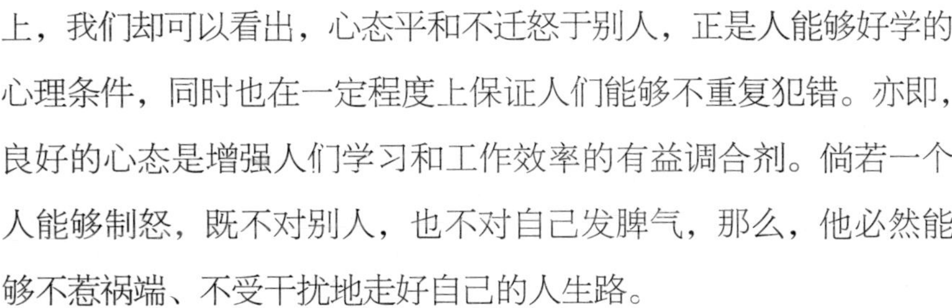

上，我们却可以看出，心态平和不迁怒于别人，正是人能够好学的心理条件，同时也在一定程度上保证人们能够不重复犯错。亦即，良好的心态是增强人们学习和工作效率的有益调合剂。倘若一个人能够制怒，既不对别人，也不对自己发脾气，那么，他必然能够不惹祸端、不受干扰地走好自己的人生路。

有位朋友，总是愤世嫉俗，由于在学习、生活、工作中遭遇了许多误解和挫折，渐渐地，他养成了以戒备和仇恨的心态看世界的习惯。在压抑郁闷的环境中，他度日如年，几乎要崩溃，感觉整个世界都在排斥他。

他有一种强烈的发泄欲望。多年来这种念头一直缠绕着他，他想在自己所处的环境发泄，又担心受到更多的伤害，他一直压抑、克制着自己的这种念头，但越是克制越烦恼，他因此寝食不安。

有一天他为了散心，登上了一座景色宜人的大山。他坐在山上，无心欣赏幽雅的风景，想想自己这些年遭遇到的误解、歧视、挫折，他内心的仇恨像开闸的洪水一样，汹涌而出。他大声对着空荡幽深的山谷喊道："我恨你们！我恨你们！我恨你们！"话一出口，山谷里传来同样的回音："我恨你们！我恨你们！我恨你们！"他越听越不是滋味，又提高了喊叫的声音。他骂得越厉害，回音更大更长，扰得他更恼怒。

就在他再次大声叫骂后，从身后传来了"我爱你们！我爱你们！我爱你们！"的声音，他扭头一看，只见不远处寺庙里的方丈在冲着他喊。

片刻方丈微笑着向他走来，他见方丈面容善慈，便一股脑儿说出了自己所遭遇的一切。

听了他的讲述，方丈笑着说："晨钟暮鼓惊醒多少山河名利客，经声佛号唤回无边苦海梦中人。我送你四句话。其一，这世界上没有失败，只有暂时没有成功；其二，改变世界之前，需要改变的是你自己；其三，改变从决定开始，决定在行动之前；其四，是决心而不是环境在决定你的命运。你不妨先改变自己的习惯，试着用友善的心态去面对周围的一切，你肯定会有意想不到的快乐。"

他半信半疑，表情很复杂。方丈看透了他的心思，接着说："倘若世界是一堵墙壁，那么爱是世界的回音壁。就像刚才，你以什么样的心态说话，它就会以什么样的语气给你回音。爱出者爱返，福往者福来。为人处世许多烦恼都是因为对外界苛求得太多而产生的。你热爱别人，别人也会给你爱；你去帮助别人，别人也会帮助你。世界是互动的，你给世界几份爱，世界就会回你几份爱。爱给人的收获远远大于恨带来的暂时的满足。"

听了方丈的话，他愉快地下山了。

回去后他以积极、健康、友爱、善意的心态对待身边的一切，他和同事之间的误解消除了，没有人再和他过不去，工作上他比以往好多了，他发现自己比以前快乐多了。

爱是世界的回音壁，想要消除仇恨，给生命增添些友爱，就请用善意的心灵与世界对话。你的声音越发友善，得到的回复将越发美妙，这美妙的回复又会给我们的心灵带来更多的平和与欢乐。

其实善意，对他人而言也是无价之宝，透过善意，我们可以给予需要爱的人温暖。爱与被爱的人，比远离爱的人幸福。我们付出越多的善意，就会得到越多善意的回报，这是永恒的因果关系。

善意让人们不再相互欺骗，不再互相轻视，在愤怒或意志薄弱时，也不会相互伤害。善良的意念就如母亲一般：它丰富了人类的生命，不给予丝毫的限制和牵绊；提升了人性，给予生命无限的高贵。

时间容不得丝毫浪费

子在川上，曰："逝者如斯夫！不舍昼夜。"

——《论语·子罕》

【释义】

孔子在河边，说："一去不复返的时光就好像这河水一样啊！不论白天黑夜不停地流逝。"

【智慧解析】

"逝者如斯夫，不舍昼夜"。时光在飞速地流逝，任谁也不能让它停留片刻。正是从这种时光的不可抗拒地流逝中，我们领悟到

了生命的宝贵和人生的意义所在，从而懂得了必须珍惜时间，珍惜现在可以把握的今天，过好自己的人生。事实上，面对时间的流逝，我们每个人每时每刻都在对自己的人生作出选择。寻欢作乐、无所作为、游戏人生是选择，孜孜不倦、争分夺秒、埋头苦干也是选择。不同的选择把我们导向不同的生活之路，使人生呈现出不同的色彩与价值。

苏联作家奥斯特洛夫斯基在其名作《钢铁是怎样炼成的》一书中，借主人公保尔·柯察金之口说过这样一段名言，人最宝贵的是生命，生命属于每个人只有一次，人的一生应当这样度过：当你回首往事时，不因虚度年华而感到悔恨，也不因碌碌无为而感到羞耻。的确，我们应珍惜时间。时间能给勤奋的人以智慧和力量，给懒惰的人以悔恨和惆怅。如果你希望生活能给你智慧和力量，那么一定要珍惜时间，珍惜今天。

众所周知“一寸光阴一寸金”，但真正理解它、明白它内涵的人不多。时间是最特殊、最易消耗、最不受重视、最没有等待性的资源，它时时刻刻都在从我们身边流过。

但是，一种人总是沉浸在昨天的胜利之中，一种人总是陶醉在明天的幻想之中，唯有少部分人才会注重今天。无限的“昨天”都以“今天”为归宿，无限的“未来”都以“今天”为源泉。美好的明天需要今天付出巨大的代价和辛勤的汗水。再宏大的理想，也要有今天的奋斗才能实现，否则它只能是梦想。

人们常说：“时间就是生命。”每一个人的生命是有限的，那么，所属于他的时间也是有限的。当一个人走到生命尽头的时候，他的时间也就自此停止了。古往今来，珍惜时间的事例不计其数。巴尔扎克深知时间的宝贵，独自埋头于阁楼奋笔疾书，终于写出巨著。齐白石青年时期，抓紧放牛打柴的时间，用心钻研绘画艺术，最后成为著名画家。作家姚雪垠的座右铭是：下苦功，抓今天。他的苦功都在抓每一个“今天”中落实了，从而完成了《李自成》这部杰出的著作。伟人马克思又是如何看待时间的呢？他从来不把时间用在无谓的、没有节制的娱乐、消遣上，工作之余，他甚至把翻一翻字典作为休息，正是这样，他才写出了巨著《资本论》。

历史上懂得如何珍惜时间而取得成功的例子举不胜举，由于拖延、浪费时间而导致失败的例子也很多。拿破仑就曾在一次战役中，因放了士兵一天假而延误了战机，导致了战役的失败。

树枯了，有再青的时候；叶子黄了，有再绿的时候；花谢了，有再开的时候；鸟儿飞走了，有再飞回来的时候；而生命停止了，却没有再复活的时候。时间的流逝永不停止，它一步一程，永不回头。时间对每个人又都是平等的，它不会因为你是勤劳者而多给，也不会因为你是懒惰者而少给。所以你就更应该珍惜时间，因为时间是生命的构成。爱惜时间的人，时间就属于他，放弃时间的人，时间就放弃他。

凡事不要盲从于人

子曰："众恶之，必察焉；众好之，必察焉。"

——《论语·卫灵公》

【释义】

孔子说："大家都厌恶他，必须考察一下；大家都喜欢他，也一定要考察一下。"

【智慧解析】

对于生活中的我们来说，能拥有完整的心灵，使其神圣不受侵犯，即坚守心灵的声音，不要盲从，不要随波逐流，这是非常重要的。

孔子提出的"众恶之，必察焉；众好之，必察焉"的主张，既抓住了人们认识并判断事物的错误所在，又恰到好处地点明了正确认识、判断事物的途径和方法，它在我们生活中是不可忽视的。历史上大量正反事例，也反复印证了它的必要性。

当然，对于众人的意见、社会的传言，既不要盲目相信，也不要听而不闻。正确的态度、重要的途径是必须"察"之。"察"

传言所讲事物的原委、内情，“察”自己对传言所指对象的了解深度、广度和正确度，尤其要“察”散布传言者的动机、目的，有了这几“察”，才能尽量不做出错误的举动。

一位大师在弥留之际，他的弟子都来到病榻前，与他诀别。弟子们站在大师的面前，最优秀的学生站在最前面，在大师的头部，最笨的学生就排到了大师的脚边。大师气息越来越弱，最优秀的学生俯下身，轻声问大师：“先生，您即将离开我们，能否请您以最简捷的话告诉我们，人生的真谛是什么？”

大师积蓄了一点力气，微微抬起头，喘息着说：“人生就像一条河。”

第一位弟子转向第二聪明的弟子，轻声说：“先生说了，人生就像一条河。向下传。”第二聪明的弟子又转向下一位弟子说：“先生说了，人生就像一条河。向下传。”这样，大师的箴言就在弟子间一个接着一个地传下去，一直传到脚边那个最笨的弟子那里，他开口说：“先生为什么说人生像一条河？这是什么意思呢？”

他的问题被传回去：“那个笨蛋想知道，先生为什么说人生像一条河？”

最优秀的弟子打住了这个问题。他说：“我不想用这样的问题去打扰先生。道理很清楚：河水深沉，人生意义深邃；河流曲折转，人生坎坷多变；河水时清时浊，人生时明时暗。把这些话传给那个笨蛋。”

这个答案在弟子中间一个接着一个传下去，最后传给了那个笨

弟子。但是他还坚持提问："听着，我不想知道那个聪明的家伙认为先生这句话是什么意思，我想知道先生自己的本意是什么。'人生像一条河'，先生说这句话，到底要表达什么意思？"

因此，这个笨弟子的问题又被传回去了。

那个最聪明的学生极不耐烦地再俯下身去，对弥留之际的大师说："先生，请原谅，您最笨的弟子要我请教您：'您说人生就像一条河，到底是什么意思？'"

学问渊博的大师使出最后一点力气，抬起头说："那好，人生不像一条河。"说完，他双目一闭，与世长辞了。

这个故事说明了什么呢？

如果那个"笨学生"没有提出疑问，又或者大师在回答之前死去，他的那句话"人生就像一条河"，也许就会被奉为深奥的人生哲学，他的忠实门生们会将这句话传遍天下，可能有人也会以此为题著书等，但大师的本意是什么？无从得知。

或许我们可以做这样的猜想：大师在生命的最后时刻想要告诉学生——真理与空言之间往往没有多大的差异。在接受别人所谓的箴言或者板上钉钉的道理时，要在头脑中多想想"为什么"，不要怕提出"愚蠢"的问题，也不要被专家们吓到，质疑是每个人有拥有的权利，也是人类进步的助推器。如果没有质疑，我们看不到达尔文的"进货论"，看不到哥白尼的"日心说"，我们可能还生活在一片混沌之中。

遗憾的是，现在的很多人并不善于质疑，更不善于发现，他们拘泥于固定的内容，完全的照本宣科，坚持认为凡是权威人士认定的，就绝不会有错。事实上，这些人不可能做出什么有创意的事情，而且若是这样的人多了，人类的文明也就停滞不前了。

从哲学的角度上说，办任何事情都没有一定之规，人生要的就是突破，突破过去就是成功。只是我们之中很多人在处理问题时，习惯性地按照常规思维去思考，一味盲从于传统，不求创新，不敢怀疑，所以往往会难有突破。

没有独立的思维方法、生活能力和自己的主见，生活、事业也就无从谈起。众人观点各异，欲听也无所适从，只有把别人的话当参考，坚持自己的观点按着自己的主张走，一切才处之泰然。

安心走好自己该走的路

子曰："吾之于人也，谁毁谁誉？如有所誉者，其有所试矣。斯民也，三代之所以直道而行也。"

——《论语·卫灵公》

【释义】

孔子说："我对于别人，诋毁了谁？赞誉了谁？假如我有赞誉

的人，那必然是经过实际考验的。现在的百姓，正是夏、商、周三代直道施行时的百姓啊。”

【智慧解析】

常言道：“谁人背后无人说，哪个人前不说人。”人与人相见，三两句话就说起别人来了，这是通常的事；越是有名的人，甚至越是伟大的人物，毁或誉也就越多，一个真正有所作为的人，不应轻易相信别人的议论，不要计较别人的毁誉，而是应该专心干自己的事，踏实走自己的路。同时对于别人，也不应当因任何原因进行不切实际的诋毁或赞誉。这既是做人的道德原则，也是一种生活的信条。

其实，一个人想听到外界对自己的正确评价已然不易，但同时能够认清自己，不为别人的毁誉所动，则更难做到。人应该有自知之明，否则就会骄傲自满。很多时候，别人的议论未必是对的，人应该有自己的主张和见解。

有一个士兵当上了军官，心里甚是欢喜。每当行军时，他总喜欢走在队伍的后面。

一次在行军过程中，他的敌人取笑他说：“你们看，他哪儿像一个军官，倒像一个放牧的。”

军官听后，便走在了队伍的中间，他的敌人又讥讽他说：“你们看，他哪儿像个军官，简直是一个十足的胆小鬼，躲到队伍中间去了。”

军官听后，又走到了队伍的最前面，他的敌人又挖苦他说：

“你们瞧，他带兵打仗还没打过一个胜仗，就高傲地走在队伍的最前边，真不害臊！”军官听后，心想：如果什么事都得听别人的话，自己连走路都不会了。从那以后，他想怎么走就怎么走了。

人如果没了自己的主见，经不起别人的议论，那么稍有不同意见便会不知所措，最后都不知该怎么办。我们若想活得不累，活得痛快、潇洒，只有一个切实可行的办法，就是改变自己，主宰自己，不再相信“人言可畏”。

多年前，在日本福冈县立初中的一间教室里，美术老师正在组织一场绘画比赛，同学们都在认真地按照要求画着画，只有一个小家伙缩在教室的最后一排。他实在不喜欢老师定的命题，于是便开始信手涂鸦。

到了上交作品的时间了，老师看着一张张作品，不住地点头，感到十分满意，作品里已经有了学生们自己的领悟，可以说，是对日本传统画作的继承和发展。

但唯有一张画让他大跌眼镜，作者是个叫白井的家伙，老师的目光从画作上移到了最后一排，接着看见这个名不见经传、有些另类又有些特立独行的家伙仿佛在冲着他冷笑。

他大声怒斥起来：“白井，你知道你画的是什么吗？简直是在糟蹋艺术。”

小家伙闻听此言，吓得将脑袋垂了下来，老师接下来让大家轮流传看白井的作品，他用红笔在作品的后面打了无数个“叉叉”，

意思是说这部作品坏到了极点。

他画的是一幅漫画，一个小家伙，正站在地平线上撒尿，如此的不合时宜，如此的不伦不类。

这个叫臼井的家伙的坏名一夜之间被传了出去，学生们都知道了关于他的“光荣事迹”。

这一度打消了他继续画画的积极性，他天生不喜欢那些中规中矩的传统作品，他喜欢信手胡来、一气呵成，让人看了有些不解，却又无法对他横加指责。

在老师的管制下，他开始沿着正统的道路发展，但他在这方面的悟性实在太差了。

期末考试时，他美术考了个倒数第一名，老师认为他拖了自己班的后腿，命令他的家长带着他离开学校。

他辍了学，连最起码的受教育的权利也被剥夺了，于是，他开始了流浪生涯，不喜欢被束缚的他整日里与苍山为伍，与地平线为伴，这更加剧了他的狂妄不羁。

那一年春天，《漫画ACTION》杂志上发表了《不良百货商场》的漫画作品，里面的小人物不拘一格，让人忍俊不禁，爱不释手。作品一上市，居然引起了强烈的反响。

又一年，一部叫《蜡笔小新》的漫画在国内风靡开来，漫画中的小新生性顽皮，做了许多孩子愿意却不敢做的事情，典型的无厘头却得到了意想不到的结果，被拍成动画片后，所有人都记住了小新，以至于不得不加拍了连载。

臼井仪人，这个天生邪气逼人的漫画家，注定不会走传统的老路，如果他仍然沿着美术老师为自己铺好的道路发展，恐怕这世上就不会有蜡笔小新的诞生。

其实，生活之中很多看似难以企及的事情，只是因为我们受到种种外界因素影响，而没有勇气去尝试，倘若我们能够摆脱外因的束缚，给予自己充分的信心，走自己该走的路，成功之门就会为我们敞开。

胆量应以谨慎为前提

康子馈药，拜而受之。曰："丘未达，不敢尝。"

——《论语·乡党》

【释义】

孔子生病，季康子来送药，孔子拜谢之后收下。说："我对这药性不了解，不敢尝。"

【智慧解析】

乍看上去，孔子明确拒绝吃别人送的药，这貌似非常失礼，其实孔子所要言明的是一种生活的心态。因为倘若稀里糊涂地吃下

去了，是要冒一定风险的。

同不能吃不明药性的药品一样，在现实中做各种事情，都要考虑一下它的危险性，因此而采取谨慎的对策，把风险降到最低点。

这些年，冒险运动越来越多地进入了我们的生活。比如，赛车、跳伞、攀岩、悬崖滑雪、洞穴探险等，尽管这些运动使许多人受伤甚至失去了生命，但人们总是前赴后继。为何有这么多人热衷于冒险运动呢?

西方心理学家已对“冒险家”们进行了半个世纪的研究，最初的看法是贬义的，认为他们大多是一些有心理障碍的人。但此论多为想当然，是一种“纸上谈兵”。稍后，美国的奥柯尔维、霍姆斯、法利等心理学家通过科学的研究方法，纠正了上述观点。

奥柯尔维于1973年通过直接对话与表格调查的方式对293名冒险运动者进行了研究，结果发现，这些“冒险家”不仅没有心理障碍，而且它们大多心理素质极高。比如，他们在定向方面有极高的能力，有着强烈的外倾性格特征，抽象思维能力高于平均指数，思维缜密，智商较高……他们都热爱生活，珍惜生命，在从事冒险运动时，并不是漫不经心或轻率、鲁莽，而是完全了解自己的身体素质和所使用的设施，并且将天气以及其他可能发生的变化、应采取的应变措施等一一考虑周到，力争在冒险运动中万无一失。

敢于冒险和善于冒险是成功者的本色，但冒险并不是孤注一掷，如果两者混为一谈，冒险就会成为鲁莽。莽撞之人敢于轻率地冒险，不是因为他勇敢，而是因为他看不到危险，结果自然不言而喻。成功离不了冒险，但更要注重化险为夷、稳中制胜，冒险若能控制风险，成功的机会就会大一些。

冒险家的成功，除了极少的幸运因素之外，大多是他们计算出了风险的系数有多大，做好了应对风险的准备，从而增加了胜算的概率。正所谓大胆行动的背后必有深谋远虑，必有细心的筹划与安排。

我们做事，不但要知道什么时候是最佳时机，更要对风险有超前的预见力与决断力。世上没有十全十美、只赢不输的正确方案，有的只是成功的信心和冒险的准备。

冒险需要理智。冒险不是冒进，无知的冒进只会使事情变得更糟，你的行为将变得毫无意义，并且惹人耻笑。当你想去冒险干一件大事时，一定要先进行科学论证，千万不要去做那种冒冒失失的莽汉。

谨慎的人在做事之前，往往先深思熟虑，深入实地考察，去发现可能的危险与不测。做事可能因为谨慎而免于危险，幸运之神时常也会在这种情况下加以帮助。

谨慎并不等于顾虑重重

季文子三思而后行。子闻之，曰 :“再，斯可矣。”

——《论语·公冶长》

【释义】

季文子每件事都考虑多次之后才行动。孔子听到后，说 :“考虑两次就可以了。”

【智慧解析】

在孔子的思想当中，他并没有表扬季文子的三思而行，相反，孔子认为凡事仔细考虑两次就足够了，三思而行可能会贻误时机。为什么孔子会反对季文子的这种做法呢？因为从历史角度看，季文子做事属于过于谨慎，顾虑太多，经常会产生各种弊病。

顾虑太多，人就永远不能迈出向前突破的艰难一步，不能给自己的未来做决定，就很容易荒废一生。

做人做事，不要顾虑太多，确定了要做什么就勇敢地去做，这样既避免浪费时间，又免得伤神。谨慎一点固然没错，但过度的谨慎就成了畏缩。有的事错过了可以重来，然而，有的事一旦错过，就不可能再有第二次。

一位中国留学生应聘一位著名教授的助教。这是一个难得的机会，收入丰厚，又不影响学习，还能接触到最新科技资讯，但当他赶到报名处时，那里已挤满了人。

经过筛选，取得考试资格的各国学生有30多人，成功的希望实在渺茫。考试前几天，几位中国留学生使尽浑身解数，打探主考官的情况。几经周折，他们终于弄清内幕——主考官曾在朝鲜战场上当过中国人的俘虏！

中国留学生这下全死心了，纷纷宣告退出："把时间花在不可能的事上，再愚蠢不过了！"

这位留学生的一个好朋友劝他："算了吧！把精力匀出来，多刷几个盘子，挣点儿学费！"但他没听，而是如期参加了考试。最后，他坐在主考官面前。

主考官考察了他许久，最后给他一个肯定的答复："OK！就是你了！"接着又微笑着说："你知道我为什么录取你吗？"

年轻留学生诚实地摇摇头。

"其实你在所有应试者中并不是最好的，但你不像你的那些同学，他们看起来很聪明，其实再愚蠢不过。你们是为我工作，只要能给我当好助手就行了，还扯几十年前的事干什么？我很欣赏你的勇气，这就是我录取你的原因！"

后来，年轻留学生听说，教授当年是做过中国军队的俘虏，但

中国士兵对他很好，根本没有为难他，他至今还念念不忘。

许多人总爱自作聪明，认为机遇总是属于那些最聪明、最优秀的人才，轻易否定自己，结果浪费了机遇，因此，他们往往还没有走到挑战的边缘就从心理上败下阵来。不如想得简单一些，尝试一下再说，也许，机遇就在突破顾虑的那一扇门后面。

对生活要有长远打算

子曰："人无远虑，必有近忧。"

——《论语·卫灵公》

【释义】

孔子说："如果一个人没有长远的打算，那么就一定会有眼前的麻烦。"

【智慧解析】

"人无远虑，必有近忧"，孔子的这句话中充满了智慧，它告诫我们应未雨绸缪，不要只看眼前的事物，要考虑得长远些。只有这样，才能安排协调好方方面面的关系，不致出现各种意想不到的困扰，否则冒冒失失，顾头不顾尾，说不定忧患就会一夜之间来到你的面前。做任何一件事情，没有一个长远和近期的通盘性考虑是不行的。

只看眼前的快乐，却忽视了一生的幸福，只看现在不考虑以后，正是我们考虑问题时的坏习惯之一。这个坏习惯给我们带来的危害是巨大的，很多人因此而一生无所作为，甚至陷入窘迫的境地，因此我们一定要努力在思想上纠正这一点，别让它毁了我们的一生。

有一个美国人，一个法国人，一个犹太人，在同一天被关进了监狱，刑期都是3年。有一天，监狱长对他们说："你们现在每个人可以向我提一个要求，只要合法，我一定满足。"

美国人说："我要够我3年抽的烟草。"

法国人说："我要一个美丽的女人。"

犹太人说："我要一部联网的电脑。"

3年过去了。

美国人从监狱中冲了出来，满脸烟末，狂吼着要打火机。

法国人和一个女人从监狱里出来，他抱着一个孩子，那个女人领着一个孩子，女人的肚子里还怀着一个孩子，两人都一脸愁容——3个孩子，怎么养活？

只有犹太人出来时满面春风，他握着监狱长的手说道："谢谢你了，多亏了这部电脑，3年中我的生意不但没有中断，还扩大了两倍，为了表示谢意，我送你一辆奔驰。"

上面故事中的犹太人，在考虑问题时，富于预见性，最终获得了成功。而另外两人，走一步看一步，只考虑眼前的快活，不为以后打算，结果虚度了3年时光，并给以后的生活留下了负担。这就是不同的视角带来的不同结果，如果你考虑得不够长远，那就得承受短视带来的苦果。这就像我们买房子一样，冬天时你看到楼旁有一条可供溜冰、玩耍的小河，不要高兴地认为这所房子再理想不过，城里的小河一般都受到不同程度的污染，在买之前，你还应该考虑一下，这条河到了夏天是否会让你感到不舒服。

考虑问题只看眼前，丝毫不考虑以后，就会使你陷入被动。

李某想开一间饭店，可是手里却没有本钱，妻子的意见是李某最好先去别人的饭店打工，一边挣些钱，一边学点经验，总不能全靠借贷开店啊！但李某却不同意："船到桥头自然直，还是借钱先把店开起来再说，还钱啊什么的以后再考虑！"就这样李某从朋友和亲戚手里借了八九万，饭店就开张了。一段时间后，一个朋友家里出了事，就来找李某要当初借他的3万元钱。李某这下子可着了急，向银行贷款是不用想了，唯一的办法就是托人借"高息贷款"，妻子劝他多想想，他却说："先借来还给朋友，这3万块钱慢慢再还吧！"饭店开张两个月了，可客人却稀稀落落，挣来的钱勉强够维持日常支出。这样下去可不是办法，李某又有了一个新想法：允许赊账，他认为这样做一定会吸引来顾客。朋友们纷纷劝他一定要慎重，因为赊欠就像一个雪球，总是越滚越大，它可能会解决眼前客人少的问题，但时间长了，它也会给经营带来困难。然而李某依然没有听从大家的劝告，允许赊欠后，店里的生意果然火了起来，街坊邻居都来凑热闹，可是好景不长，两个月后李某就支撑不住了，店里连买菜的钱都不够，他开始收账，但那些常客再也不登门了。就这样，开店 4 个月后，李某低价把饭店转让了出去，他没挣到一分钱，却欠了很多债，惹了不少麻烦，现在夫妻俩还得每天出去讨账呢！

李某的失败就是由于对问题的考虑不够长远造成的，我们看到他在解决问题时，总是只顾眼前需要，而不看后果如何，他借贷开店，不考虑日后的还款能力，为了解决顾客少的问题，竟然采取允许赊欠的方法，既不考虑可能会给资金流动带来的影响，也不考虑日后收账的困难，他这种拆了东墙补西墙的方式，虽然解决了眼前的问题，却给日后的经营埋下了隐患，最后终于导致经营的彻底失败。

我们常把只看眼前不顾以后的做法称为短视，一个短视的人很难正确处理生活中遇到的各种问题，而且也很难有什么成就。

在不断前进的人生旅途中，一个人如果总是想一步走一步，那么他一定会碰到很多障碍。只有抛弃短视的习惯，多做一些长远打算的人，才能掌握自己的人生，拥有一个不可限量的未来。

让自己和生活变得简单

子曰："君子有三戒：少之时，血气未定，戒之在色；及其壮也，血气方刚，戒之在斗；及其老也，血气既衰，戒之在得。"

——《论语·季氏》

【释义】

孔子说："君子有三种戒忌：年少的时候，血气尚未稳定，要戒女色；到了壮年，血气旺盛刚烈，要戒争斗；到了老年，血气已经衰弱，要戒贪得无厌。"

【智慧解析】

儿时，人们期盼着早些长大，希望可以挣脱父母的束缚，自由地去翱翔。待到长大以后才发现，原来曾经梦寐以求的"自由"要付出很多才能获得，此时，大家又是何其怀念儿时的童真与快乐。

垂垂老矣，当年轻人从面前走过，老人眼中总是露出掩不住的羡慕——年轻多好！但他们不知道，或许这些年轻人同样羡慕着他们，羡慕他们能够安享晚年，却在心中抱怨着生活让自己如此狼狈。

其实，人生的每个阶段都有其特有的痛苦与快乐，有得到，亦有失去，唯有看透才能领悟。那么，在人生的不同阶段中，我们究竟应该怎样的生活？对此，孔子如是说：“君子有三种事情应引以为戒：年少的时候，血气还不成熟，要戒除对女色的迷恋；等到壮年时，身体成熟了，血气方刚，要戒除与人争斗；等到老年，血气已经衰弱了，要戒除贪得无厌。”

换而言之，无论在生命的哪个阶段，我们都应该将自己的情绪、欲望控制在合理处，让生活变得简单一些。

其实，生活本身是很简单的，快乐也很简单，是人们自己把它们想复杂了，所以往往感受不到简单的快乐，弄不懂生活的意味。

睿智的古人早就指出：“世味浓，不求忙而忙自至。”所谓“世味”，就是尘世生活中为许多人所追求的舒适的物质享受、为人歆羡的社会地位、显赫的名声等。今日的某些人追求的“时髦”，也是一种“世味”，其中的内涵也不离物质享受和对社会地位的尊崇。

可怜，某些人的“世味”一“浓”再“浓”，疯狂地紧跟时髦生活，结果“不知不觉地陷入了金融麻烦中”。尽管他们也在努力工作，收入往往也很可观，但收入永远也赶不上层出不穷的消费产品的增多。如果不克制自己的消费，不适当减弱浓烈的“世味”，他们就不会有真正的快乐生活。

菲律宾《商报》登过一篇文章。作者感慨她的一位病逝的朋

友一生为物所役，终日忙于工作、应酬，竟连孩子念几年级都不知道，留下了很大的遗憾。作者写道，这位朋友为了累积更多的财富，享受更高品质的生活，终于将健康与亲情都赔了进去。那栋尚在交付贷款的上千万元的豪宅，曾经是他最得意的成就之一。然而豪宅的气派尚未感受到，他却已离开了人间。作者问："这样汲汲营营追求身外物的人生，到底快乐何在？"

这位朋友显然也是属"世味浓"的一族，如果他能把"世味"看淡一些，像陈美玲那样"住在恰到好处的房子里，没有一身沉重的经济负担，周末休息的时候，还可以一家大小外出旅游，赏花品草……"这岂不是惬意的生活？

陈美玲写道："'生活简单，没有负担'，这是一句电视广告词，但用在人的一生当中却再贴切不过了。与其困在财富、地位与成就的迷惘里，还不如过着简单的生活，舒展身心，享受用金钱也买不到的满足来得快乐。"

简单的生活是快乐的源头，它为我们省去了欲求不得满足的烦恼，又为我们开阔了身心解放的快乐空间！

即使贫穷也不要贫穷了心灵

子曰："贤哉，回也！一箪食，一瓢饮，在陋巷，人不堪其忧，回也不改其乐。贤哉，回也！"

——《论语·雍也》

【释义】

孔子说："贤德啊，颜回！每天一箪饭，一瓢水，住在简陋的小巷里，一般人忍受不了这种清贫，而颜回却能安贫乐道，淡然处之，虽然清贫却依然不改变向学的乐趣，真是了不起啊！了不起！"

【智慧解析】

在孔子看来，有理想、有志向的君子，不会总是为了自己的吃穿住而奔波的，"饭疏食饮水，曲肱而枕之"，对于有理想的人来讲，可以说是乐在其中。

台湾著名男演员、剧作家、导演金士杰早年带领一群热爱戏剧的演员刚创办兰陵剧团，当时可谓一穷二白。1979年，在舞台剧

几乎处于荒漠的台湾，兰陵剧团出现了。金士杰和团里的所有演员都是白天做苦力，晚上排练创作，零酬劳演出。这个剧团的成立没花什么钱，但也没赚一分钱。于是就有朋友关心金士杰怎么生存：你总有三餐不济的时候，总有付房租的时候，那时你怎么对付？

金士杰的生存方式很独特。

金士杰有个朋友家境很好。有次金士杰去她家里做客，吃饭时，他吃着吃着就感叹起来："桌上菜这么多，都很好吃。你们平常都这样吃吗？每次吃不完怎么办？"朋友答："还能怎么办呢，该倒就倒掉。"

金士杰顿时两眼放光："那让我来替你们做一个义务的食客怎么样？"朋友拍掌说："很好，欢迎欢迎！"

金士杰却一本正经地说："你先别着急欢迎。我们先把条件说清楚：第一，我不定时来，但我来之前会先打电话问清楚你家有没有剩饭、方不方便，有剩饭，且方便的话，我就来；第二，我来只吃剩饭，等你们家人全部吃饱撤了，确定摆的都是剩饭剩菜我才开吃，而且，不可以因为我来就故意加一个菜，那样就算犯规；第三，我吃剩菜剩饭的时候旁边不可以站着人，因为他（她）一旦和我打招呼，我就得很客气地回应，这样客套来客套去我就没办法当专业食客了；第四，吃完之后我要很干净利落地走，不可以有人跟我说再见，如果非得这样客套的话，我心里就会有负担，那样下次我就不来了。总结一句话：我要完全没有负担地当一名剩菜剩饭的食客。"

朋友听完他的话觉得很逗，当场就答应了所有条件。此后，金士杰果真好几次去朋友家当食客，吃得非常开心。他还幻想着：我要有 30 个这样的朋友，一个月就能过得蛮富足。

抱着这样的心态过苦日子，金士杰带领剧团一路坚持下来。第一次演出，他们还是没有钱。离他们不远的地方有个大礼堂搁置着没用，他们就把那里打扫出来当舞台；没服装，他们就各自掏腰包买一套功夫裤穿在身上；没灯光，他们就各自从家里搬来一两个打麻将用的麻将灯，再加长电线，往插板上一插，灯就亮了；没有化妆品，他们就素颜上场；没有人宣传，他们就自己拿来纸笔，涂涂画画，一张大海报就贴到了台湾师范大学的门口。

一切准备就绪。演出那天，观众席只坐了二三十人，人不多，但大部分人都是台北文化界的精英。他们看完演出之后对金士杰这样说："台北市等你们这群人等了很久了，你们终于来了。你们要演下去，拜托你们一定要演下去！"

金士杰带领大家照做了。历经一年多的非正式演出，兰陵剧团终于走上正式的舞台。1980 年，金士杰编导的《荷珠新配》参加了台湾第一届"实验剧展"，首演一炮而红。一时间，兰陵剧团声名大噪，金士杰也一跃成为台湾现代剧场的领军人物之一。

多年之后，金士杰将当年自己当"专业食客"的事情说给一堆人听。说完之后他感慨："我说这些事，除了好玩，除了说明我的脸皮厚以外，还有个很重要的原因。我觉得，我们的这种穷完全不需要自卑，不需要脸红，因为我深深知道我们在做什么——我们把我们的头脑、智慧、创作拿出来献给社会，以至我们没有工夫赚钱。我们是在做很重要的事情，所以，从某种意义上来说，

我们这个穷不是穷，而是富，不是缺，而是足。”

人，应该平静地面对生活给予的一切，不要让欲望这个没有止境的黑洞来洞穿心灵。因为一旦心灵上有了缺口，那么冷风就会肆无忌惮地在其中来回穿行，让人终生失去温暖，变得孤单而寒冷。

有高贵的心，就算身陷淤泥之中，也能开出不染尘埃的莲花。那些追求“斯是陋室，惟吾德馨”的人，必是高贵之人，他们虽然贫寒，物质匮乏，却活得坦然、从容，人穷而德馨。

也许，在今天的社会里，要做到这一点很不容易，一般人都无法坦然面对穷富，无法在心理上达到平衡。其实，与充满金钱的生活相比，平淡清贫不存在真正意义上的缺失和悬殊。对一个人来说，最重要的是心灵上的富足与高贵。

一个人的思想，一旦升华到追求崇高理想上去，就能够放宽心境，不为物累，心地无私、无欲，随时随地去享受人生，也就苦亦乐、穷亦乐、困亦乐、危亦乐了！没有亲历过其境的人是难以理解的。真正有修养、高品位的人，他们活得快乐，但所乐也并非那种贫苦生活，而是一种不受物役的“知天”“乐天”的精神境界。

古人云：求名之心过盛必作伪，利欲之心过剩则偏执。面对名利，面对物质，能够做到视名利如粪土，视物质为身外物，在简单、朴素中体验心灵的丰盈、充实，才能将自己始终置于一种平和、淡定的境界之中。

人要俭朴而不奢侈

子曰："奢则不孙，俭则固。与其不孙也，宁固。"

——《论语·述而》

【释义】

孔子说："一个人奢侈了就显得不谦逊，太节俭朴素就显得寒酸。与其显得不谦逊，宁可显得寒酸。"

【智慧解析】

孔子主张发扬俭德，为政清廉。他对当时社会权贵们的豪华奢侈、铺张浪费、财大气粗、气势逼人深为不满，对子路"车马衣轻裘，与朋友共"的德行极为赞扬。他主张过一种勤俭朴素的生活。在他看来，勤俭朴素能看出一个人的志向和操守，也能看出其为官之德。

俭朴的生活，可以使人精神愉快，可以培养人的高尚品质。生活俭朴的人具有顽强的意志，能经受得住艰苦的磨炼，胸怀开阔。无心于考虑物质生活，更不会受钱财的诱惑。物质生活条件的好坏，对他们来说，没有丝毫的影响。因此，这种人即便住在竹篱

盖的茅屋，也照样有清新的生活情趣。

羊祜，字叔子，原费县南城人（今山东费县西南），他出身于名门世家，外公便是大名鼎鼎的东汉名臣蔡邕，其胞姐则是晋景帝司马师的献皇后。他德才兼备，魏末历任中书侍郎、秘书监等职，掌管军事机要。晋武帝时，升任尚书左仆射、卫将军。他不管是为政还是治军，始终重行仁德，谦逊礼让，因此深受人们敬重，甚至连敌军也对其由衷地敬佩。

羊祜年轻之时便已声名远播，曾被荐举为上计吏，州官 4 次邀请他做从事、秀才，五府也召他出来做官，但均被他一一谢绝了。因此，有人将他比作孔子最得意的门生——谦恭好学的颜回。正始年间，大将军曹爽专权，曾欲启用羊祜和王沈。王沈得信后，满心欢喜地劝羊祜与他一起去应命就职，羊祜对此颇为不然，淡淡答道："委身于人人，谈何容易！"后来，司马懿发动高平陵政变，曹爽失权被诛，王沈受到牵连而被免职。王沈后悔没有听羊祜的话，对他说道："我应该常常记住你以前说的话。"羊祜听后，并没有炫耀自己有先见之明，反而谦虚地表示："这不是预先能想到的。"

晋武帝司马炎称帝以后，鉴于羊祜辅助有功，遂任命他为中军将军，加官散骑常侍，封郡公，食邑 3000 户。对此，他坚决推辞，于是改封为侯。虽然名位显耀，但羊祜对于王佑、贾充、裴秀等前朝有名望的大臣，一直秉持着谦虚的态度，从不将其视为自己的属下。

晋武帝曾经为羊祜在洛阳建筑豪宅，但羊祜却拒绝了。女婿劝他购置产业以养老，他说："作为大臣去谋私产，这必定会损害公家的利益，这是为人臣子最要忌讳的。"

羊祜经常向晋武帝推荐有德有才的人担任高位，但每次他都将起草的文书烧掉，不让别人知道。有人认为他过于谨慎了，应该让被提拔的人知道是谁推荐的。羊祜说："这是什么话！这不是邀功取宠，期望别人对自己感恩戴德吗？对这些，我避之惟恐不及。身为朝中大臣，不能举荐特异之才，岂不有愧，难道要我承担不善知人的责任吗？像那些在朝上为公卿，出来则到私宅去接受谢恩的事，我是绝不会去做的。"

后来，为表彰羊祜都督荆州诸军事等功劳，皇帝加封他为车骑将军，地位等同三公，羊祜再次上表推辞，他在奏章中写道："臣入仕方十余年，便在陛下的恩宠之下占据如此显要的位置，因此无时无刻不为自己的高位而战战兢兢，荣华对我而言实属忧患。我乃外戚，只因运气好才能事事办得顺利，自当警诫受到过分的宠爱，但陛下屡屡下诏，赐予了我太多的荣耀，这让我怎么承受得起，又怎能心安得了？现在朝中，有不少德才兼备之士，比如光禄大夫李熹高风亮节，鲁艺洁身寡欲，李胤清廉朴素，却还都没有获得高位，而我只是一个无德无能的平庸之辈，地位却在他们之上，这让天下人作何感想？怎能平息天下人的怨愤呢？所以乞望陛下收回成命。"但皇帝没有应允。

羊祜去世后，晋武帝哭得非常哀伤。那天特别冷，晋武帝流下的眼泪沾在须鬓上，都结成了冰。羊祜曾有遗言不让把南城侯印放

入棺木。晋武帝说："羊祜坚持谦让已很多年了，现在人死了而谦让的美德还在。如今就按他的意思办，恢复他原来的封号，以彰明他高尚的美德。"荆州百姓听说羊祜去世后，为悼念他而罢市，停止集市交易，街巷中的哭泣之声接连不绝，就连吴国守卫边境的将士们也为此而伤心流泪。因为"屋""户"与"祜"字谐音，荆州、襄阳一带的百姓为表示对羊祜的尊敬，避讳羊祜的名字，所以把"屋"改为"门"，把"户曹"改为"辞曹"。羊祜生前曾喜欢游岘山，襄阳百姓便在岘山上为他建庙立碑，一年四季祭祀他。望着这座碑的人没有不落泪的，所以人们称这座碑为"堕泪碑"。

公正廉明是为人做官的基本要求，对清官来讲，首先是不贪，然后是无私，不贪则廉，无私则公。不论为官或治家，必须以身作则，奉公守法，避免上行下效。持家同样如此。为人应心平气和，保持勤俭节约的传统美德。很多东西从道理上讲人们很清楚，但行动起来确实很难，人们如果能多克服些私欲就可以多存些公德。清俭自律，谦卑退让是羊祜处世立命的准则，亦为后人做出了克己奉公、与人为善的绝好榜样。

是俭是奢，这不仅是一个人的自我修养或品德问题，更是一种对生活的态度问题，真正的智者总能宁俭不奢，不仅一生平安快乐，而且还能保持安静平和的内心。

遇茶吃茶，遇饭吃饭

子之燕居，申申如也，夭夭如也。

——《论语·述而》

【释义】

孔子在家闲居的时候，仪态舒展自如，神色和乐喜悦。

【智慧解析】

这句话体现出了孔子的生活态度。即，遇茶吃茶，遇饭吃饭，积极地接受生活、享受生活，因为只有这样，才能体会到生活中的快乐。

我们应该认识到，幸福与快乐源自内心的简约，简单使人宁静，宁静使人快乐。人心随着年龄、阅历的增长而越来越复杂敏感，但生活其实十分简单。保持自然的生活方式，不因外在的影响而痛苦抉择，便会懂得生命简单的快乐。

世界上的事，无论看起来是多么复杂神秘，其实道理都是很简单的，关键在于是否看得透。

吴亚军和他的妻子薛艳华原来同在一家国营单位供职，夫妻双方都有一份稳定的收入。每逢节假日，夫妻俩都会带着5岁的女儿丫丫去游乐园打球，或者到博物馆去看展览，一家三口其乐融融。后来，经人介绍，吴亚军跳槽去了一家外企公司，不久，在丈夫的动员下，薛艳华也离职去了一家外资企业。

凭着出色的业绩，吴亚军和薛艳华都成了各自公司的骨干力量。夫妻俩白天拼命工作，有时忙不过来还要把工作带回家。5岁的女儿只能被送到寄宿制幼儿园里。薛艳华觉得自从自己和丈夫跳到体面又风光的外企之后，这个家就有点旅店的味道了。孩子一个星期回来一次，有时她要出差，就很难与孩子相见。不知不觉中，孩子幼儿园毕业了，在毕业典礼上，她看到自己的女儿表演节目，竟然有点不认得这个懂事却可怜的孩子。孩子跟着老师学习了那么多，可是在亲情的花园里，她却像孤独的小花。频繁的加班侵占了周末陪女儿的时间，以至平时最疼爱的女儿在自己的眼中也显得有点陌生了。这一切都让薛艳华陷入一种迷惘和不安当中。

你是否和薛艳华一样经常发现自己莫名其妙地陷入一种不安之中，而找不出合理的理由。面对生活，我们的内心会发出微弱的呼唤，只有躲开外在的嘈杂喧闹，静静聆听并听从它，你才能做出正确的选择，否则，你将在匆忙喧闹的生活中迷失了真正的自我。

一些过高的期望其实并不能给你带来快乐，但却一直左右着我们的生活：拥有宽敞豪华的寓所、幸福的婚姻、让孩子享受最好的教育，成为最有出息的人、努力工作以争取更高的社会地位、能买高档商品，穿名贵的时装、跟上流行的大潮，永不落伍。要想过一种简单的生活，改变这些过高期望是很重要的。富裕奢华的生活需要付出巨大的代价，但并不能相应地给人带来幸福。如果我们降低对物质的需求，改变这种对奢华生活的憧憬，我们将节省更多的时间充实自己。清简的生活将让人更加自信果敢，珍视人与人之间的情感，提高生活质量。幸福、快乐、轻松是简单生活追求的目标，这样的生活更能让人认识到生命的真谛所在。

现如今，我们周围有很多人常常会发出这样的感叹：生活太累！快乐离我们太远。其实，不是快乐离我们太远，而是我们根本不知道自己和快乐之间的距离；不是寻找快乐太难，而是我们活得不够简单。

人生当中有太多的诱惑，如果我们在各种诱惑面前分不清、看不明，那么，我们将会盲目地随波逐流，身不由己地为名利而像陀螺一样不停地旋转，为了功名利禄、锦衣玉食不停地追求，等到喧嚣过后，一切归于沉寂，才发现自己已经是千疮百孔，连自己原本拥有的快乐都已经丢失掉了。

其实，快乐就源自于自己的心底，是一种与财富、名利、地位无关的精神状态。所以，从现在开始净化你的心灵、简化你的生活吧，就且过一个遇茶吃茶、遇饭吃饭的快意人生！

忘记过去不如意的自己

往者不可谏，来者犹可追。

——《论语·微子》

【释义】

过去的不能挽回弥补，未来的还是能赶得上的，要努力争取。

【智慧解析】

终日想着那些不幸的经历和已经犯下错误，只会越发加剧自身的伤痛，只会让人对未来的看法越来越灰暗，心也越来越焦虑。

如果想要自己的心欢喜一些，就设法忘记那些因一时过错而带来的不幸和伤害。过去的成功也好，失败也罢，都不能代表现在和未来。可以说人的一生由无数的片段组成，而这些片段可以是连续的，也可以是风马牛不相及的。说人生是连续的片段，无非是人的一生平平淡淡、无波无澜，周而复始地过着循环往复的日子；说人生是不相干的片段，因为人生的每一次经历都属于过去，在下一秒我们可以重新开始，可以忘掉过去的不幸、忘掉过去不如意的自己。

美国有一个黑人青年，他自幼在贫民窟长大，童年时缺乏良好的教育和指导，遂跟坏孩子学会了逃学、偷盗和打架。12岁那年，他因抢劫商店而被捕，关进了少管所；15岁时，又因企图撬开办公室的保险箱，再次身陷囹圄；后来，因为参与武装打劫，作为成年犯第三次被送入监狱。

一天，监狱里一个年老的无期徒刑犯看到他在打垒球，便对他说："你是有能力的，你有机会做你自己的事，不要自暴自弃。"

年轻人反复思索老囚犯的话，他突然意识到，虽然自己身在监狱，但至少还拥有选择的自由：他能够选择在出狱后干什么，他能够选择不再成为恶棍，他能够选择重新做人，当一个垒球手。

5年后，年轻人成了明星赛中底特律老虎队的队员。底特律垒球队当时的领队马丁在友谊比赛时，访问过监狱，由于他的努力，年轻人得以假释出狱。此后不到一年，年轻人就成了垒球队的主力队员。

这个年轻人尽管曾陷入生活的低谷，然而，他认识到了真正的自由，这种自由是我们人人都有的，它存在于自由选择的绝对权利之中，我们所有的人都拥有这种权利！

事实上，我们习惯于淡忘生命中美好的一切，而对于痛苦的记忆，却总是铭记在心。难道真是因为痛苦会令我们记忆深刻吗？

当然不是，这完全是出于我们对过去的执着。其实，昨日已成昨日，昨日的辉煌与痛苦，都已成为过眼云烟，我们何必还要死死守着不放？将失意放在心上，它就会成为一种负担，容易让我们形成一种思维定势，结果往往令人依旧沉沦其中，甚至是走向堕落。如果能倒掉昨日的那杯茶，人生才能洋溢出新的茶香。

第五卷　君子和而不同

——深悟《论语》交友智慧

交朋友应有所选择

孔子曰："益者三友，损者三友。友直，友谅，友多闻，益矣。友便辟，友善柔，友便佞，损矣。"

——《论语·季氏》

【释义】

孔子说："有益的朋友有三种，有害的朋友有三种。同正直的人交友，同讲信用的人交友，同见识广博的人交友，是有益的。同阿谀逢迎的人交友，同当面奉迎背后诋毁的人交友，同善于花言巧语而胸无实学的人交友，是有害的。"

【智慧解析】

人的一生不可无友，但交友不可不慎重选择。交友应该"友直、友谅、友多闻"，这样的朋友可以使你长善救失，心胸开拓，德业学问日进于高明；反之，如果交上坏朋友，不但不能长进，反而可能走上犯罪的道路。由于朋友的熏陶濡染，不知不觉就被同化了，它有时比父母和老师的教导更有影响力。

友直、友谅、友多闻，这已成为交好朋友的准则，第一种"友直”，是讲话直、正直的朋友能说出并劝止你的错误，即所谓“诤友”；第二种“友谅”，是比较讲信用，个性宽厚的朋友；第三种“友多闻”，是知识渊博的朋友。孔子将这三种人列为有益的朋友。另外，在朋友中，有害的三种定要戒之。第一，“友便辟”。就是爱谄媚逢迎的人。第二“友善柔”。就是当面对你百依百顺、阿谀逢迎，背后却百般诋毁、表里不一的人。第三“友便佞”。这种人擅花言巧语，实则胸无点墨，绝对是成事不足、败事有余的家伙，特别要当心。

毋庸置疑，在人生的道路上，我们应多与优秀的人交往，因为与品格高尚的人在一起，你会感到自己也在其中得到了升华，自己的心灵也被他们照亮。

马丁是一个相当愚笨的学生，但他父亲还是决定让他接受大学教育。在剑桥大学里，马丁认识了在初级中学的一位伙伴。

从此以后，这位稍长的学生成了马丁的指导教师。马丁能够应付自己的学业，但是仍然容易激动，脾气暴躁，偶尔会发泄自己难以抑制的愤怒。但他这位年纪稍大的朋友却情绪稳定，富于耐心。他时时刻刻照顾、指导和劝勉自己这位易怒的同学。他不允许马丁结交邪恶的朋友，劝他认真学习，他说“这不是要得到别人的称赞，而是为了上帝的荣耀。”这位朋友的帮助使马丁在学习上进步很快，在第二年圣诞节的考试中他名列年级第一名。

后来，马丁成了一位传教士，给了很多人无私的帮助。

这个故事给了我们一个很好的启示，当我们与具有积极的思想、乐观的心态、品德高尚的人士做朋友时，自己也往往会在不知不觉中成为那种人；反之，倘若我们与自卑、甚至低劣的人交往多了，我们自身也会变得平庸乃至低劣。

实际上，每个人不管自觉或不自觉，他们交朋友总是有所选择的总是有自己的标准的。明代学者苏竣把朋友分为“畏友、密友、昵友、贼友”四类，如此划分便可明白；畏友、密友可以知心、交心，互相帮助并患难与共，是值得深交的；那些互相吹捧、以物质维系的昵友，口是心非，当面一套，背后一套，还有可能乘人之危、损人利己的贼友，那是无论如何也不能结交的。

从孔子说的交友、择友之道中可看出，当人们用正直、诚信、博学多识作为自己选择朋友的原则时，特别是力戒与那些“损者”为友的时候，这其实也是在为自己、为对方确立了一个做人的道德目标和行为准则。我们只有先让自己在道德上努力做到正直、诚信，并且不断追求广博的知识，提高自己的能力，这样才会得到朋友的认可，也才会受到社会的尊重。

益友难交，因而显得更加可贵，我们所说的朋友并不是越多越好，我们应该多交益友，少交损友，这样才能够真正从其中寻得乐趣。

明辨君子与小人

子曰："君子易事而难说也。说之不以道，不说也。及其使人也，器之。小人难事而易说也。说之虽不以道，说也。及其使人也，求备焉。"

——《论语·子路》

【释义】

孔子说："君子容易侍奉，但是难以使他满意。想使他满意而不用正道，他是不会满意的。等到他使用其他人的时候，则总是看重别人的才能。小人难侍奉，却容易使他满意。要使他满意，即使不用正道，他也会满意；等到他使用人的时候，就对别人求全责备。"

【智慧解析】

在孔子的心目当中，君子是善良的人、高尚的人、与人很容易和谐相处的人。君子表面上看起来也许不容易接近，但是在关键时刻则是看重他人的才能，绝不会故意刁难别人。可是小人却恰好相反，小人表面上看起来很容易接近，但在关键时候却喜欢

刁难人，对人求全责备。

在我们生活的圈子中，当然既有为朋友两肋插刀的人，也有在利益面前朋友靠边站的人，对于前一种人，我们应该倾心与他交往，对于后一种人，我们要严加提防。

蔺相如曾是赵国宦官缪贤的一名舍人，缪贤曾因犯法获罪，打算逃往燕国躲避。相如问他：“您为什么选择燕国呢？”缪贤说：“我曾跟随大王在边境与燕王相会，燕王曾握着我的手，表示愿意和我结为朋友，所以我想燕王一定会接纳我的。”相如劝阻说：“我看未必啊！赵国比燕国强大，您当时又是赵王的红人，所以燕王才愿意和您结交。如今您在赵国获罪，逃往燕国是为了躲避处罚。燕国惧怕赵国，势必不敢收留，他甚至会把你抓起来送回赵国的。你不如向赵王负荆请罪，也许有幸获免。”缪贤觉得有理，就照相如所说的办，向赵王请罪，果然，他得到了赵王的赦免。

缪贤以为燕王是真的想和自己交朋友，他显然没有考虑自己背后的一些隐性因素，而今时过境迁，他贸然到燕国去，当然很危险了，蔺相如看问题可真是一针见血啊！

晋国大夫中行文子流亡在外，经过一个县城。随从说：“此县有一个啬夫，是你过去的朋友，何不在他的舍下休息片刻，顺便等待后面的车辆呢？”文子说：“我曾喜欢音乐，此人给我送来鸣琴；我爱好佩玉，此人给我送来玉环。他这样迎合我的爱好，是为了得到我对他的好感。我恐怕他也会出卖我，以求得别人的好感。”于是他没有停留，匆匆离去。结果，那个人果然扣留了文子后面的两辆车马，把他们献给了自己的国君。

所以，在日常生活中，我们更应该分清何为君子，何为小人，并且有意识地接近君子，远离小人。

那么，何为君子？君子是在你最需要帮助的时候，帮助你的人。而小人则是在关键时刻加害于你的人。君子无论是为人抑或处事都有个人的信条与准则，这也正是我们应该学习的。

向优秀者学习

子曰：“见贤思齐焉，见不贤而内自省也。”

——《论语·里仁》

【释义】

孔子说：“看见贤人，就应该想到向他看齐，看见不贤的人，就应该在内心进行自我反省。”

【智慧解析】

在生活中，有一些人对比自己能力强的朋友所持的心态是忌妒，而对比自己水平差的朋友则加以鄙视和嘲笑。这种态度对他们本身有什么好处吗？可以说是有害无益。真正的智者，总是会向比自己强的朋友虚心学习，见了有毛病的朋友，则会对照对方来反观自己，看看自身是否也有这方面的不良现象，有则改之，无则加勉，这才是能够切实提高自己的修养，而不会走向相反方向的有效途径。这就是孔子所说的“见贤思齐焉，见不贤而内自省也”。

我们应清醒地看到，自古以来，妒贤嫉能者都难以成大气候，甚至还会落得不堪收拾的下场。因为这种人不仅才能相对稍逊一筹，而且由于心胸狭窄，一旦妒火燃起，就有可能失去理智。

东汉末年，官渡一役令曹操声威大震，日益强盛起来。他先灭河北袁绍，又以不可抵挡之势先后灭掉几个大小诸侯，将刘备赶得几乎无处藏身，最后又盯上了虎踞江东的孙权。曹操势大，诸葛亮遂提出联孙抗曹之论，刘备然之。于是，诸葛亮只身入东吴，舌战群雄、智激孙权，终于同东吴结盟。

诸葛亮在吴期间，东吴都督周瑜忌诸葛亮之才，一心想除之以绝后患，但均被诸葛亮洞察先机一一化解，由此妒意愈深。

赤壁一战，凭诸葛亮、周瑜之智，得庞统、徐庶相助，火烧连环船，杀得曹军尸横遍野、血染江河，若不得关羽华容道义释，几近无一生还。得意之余，周瑜欲乘胜而进，吞并曹操在荆州的地盘，谁知却被诸葛亮捷足先登。周瑜不甘，意欲强攻，又遭赵云抵挡，自己还中了一箭。

此后，东吴几次追要荆州均无功而返，周瑜不禁心生一计，与孙权密谋假嫁妹，赚刘备入东吴，再图之。可惜，此计又未能逃过诸葛亮的眼睛，他授予赵云三个锦囊，最终使得周瑜“赔了夫人又折兵”。

终于，周瑜按捺不住，欲“借道伐虢”，一举灭掉刘备，却被深谙兵法的诸葛亮挡回，并书信一封讥讽周瑜。周瑜原本气量狭小，三气之下终于长叹一声“既生瑜，何生亮”，追随孙策而去。

有历史学家提出，诸葛亮与周瑜平生并无交集，这是罗贯中先生为神化诸葛亮而杜撰的情节。史实如何，我们且不去管它，然而周瑜的一句“既生瑜，何生亮”却一直受到君子们的诟病，其原因就在于他没有一个正确的心态。面对才高于己的人，他不去谦虚讨教，以求他日赶超诸葛亮，反而去忌妒、陷害，最终辜负了孙策昔日之托，大业未成便撒手人寰。

很明显的一点是，忌妒正是因为己不如人。那么，我们为何不平心静心地将对优秀的渴望化作一种动力，借助这股动力去弥补自身的不足呢？将忌妒升华为良性竞争行为，忌妒者会奋发进取，努力缩小与优秀者之间的差距；而优秀者面临挑战，一般也不会置若罔闻，为保持和发展自己的优势地位，他们会选择迎接挑战，从而强化竞争。也就是说，忌妒可能会引发并维持一种现象，在

良性竞争过程中，忌妒双方一变而为竞争的双方，互相促进，共同优化。

“以人为师”是每一个强者的座右铭，其意思是：学习别人，发掘自我。这个过程就是寻找自己强项的最好方法。因此，真正的强者应该是谦和谨慎的，而不是傲慢无礼的。

善于向优秀的人学习，并找到改正自己错误的方法，这对一个人来说是极其有益的。盲目自大的人，或者说不去倾听别人意见的人，多半是缺乏向别人学习的态度，所以难成大事。

和志同道合的人做朋友

子曰：“三人行，必有我师焉。择其善者而从之，其不善者而改之。”

——《论语·述而》

【释义】

孔子说：“几个人一起走路，其中一定有值得我学习的人。我选取他们的优点而学习，用他们的缺点来对照自己，加以改正。”

【智慧解析】

这本是孔子劝人谨慎认真、虚心求学的一段话，但其中亦蕴含着交友之道。三人同行，亦可谓之为“志同道合”，那么这句话就可以如此解读：与志同道合的人交朋友，其中必然有人能够成为我的老师，我学习他的优点，用他的缺点警醒自己，如此相互学习，相互补充，大家一定都会变得更加优秀。

难道不是吗？林肯就曾说过一句话：“从某种意义上说，你选择了什么样的朋友，便选择了什么样的人生”。就像三国时蜀主刘备，如果当初他没有与关羽、张飞、诸葛亮这些志同道合的人结为朋友，没有虚心接纳诸葛亮的建议，又何谈三分天下，建立蜀汉帝业？

由此可见，每个人的一生中，都需要朋友，更需要几个志同道合的挚友，他们是我们的人生寄托，会对我们的人生有着至关重要的影响。

赫蒙·克洛依是来自卡耐基故乡玛丽维尔的作家，他自幼就聪明过人，还在小学时代，就在《哈里》杂志上发表过文章，也算是小有名气。

卡耐基和他都是从玛丽维尔走向纽约的，刚开始时，他们两人并没有什么交往，在一次偶然的度假中，卡耐基遇上了克洛依，两人交谈起来，讲述了各自在纽约的奋斗经历。

卡耐基在与克洛依的一系列交往中，逐步建立起了深厚的友谊，成为一生的挚友，关系一直持续到卡耐基逝世。

两人都有共同的兴趣爱好，喜欢旅游，而且还经常一同出去游泳。

一次游泳中，克洛依问卡耐基：

“亲爱的戴尔，为什么不尝试写作呢？”

“我正在积极地准备。”卡耐基兴奋地回答。

从此，卡耐基提起了笔，下定决心进行创作，在卡耐基一生的畅销书创作中，克洛依功不可没。

卡耐基对克洛依在他成功道路上起的作用，非常感激，为此，他特意在《影响力的本质》一书的扉页上写了一段话赠给克洛依，他写道：

“让我以最高的名誉把此书献给我最尊敬、最重要、最诚实的朋友。”

卡耐基与罗威尔·汤姆斯的交往之始，则完全出于偶然。

汤姆斯在普林斯顿大学时，为了赚取一些零用钱，接受到普林斯顿一带的地方俱乐部及社区中解说去年夏天访问阿拉斯加情形的报告。

汤姆斯为了完成任务，为即将来临的讲演做准备，决定去纽约拜访卡耐基。他们两人合作并取得了轰动性效应，从此以后，卡耐基和汤姆斯成了好朋友。

当汤姆斯雄心勃勃地想以一种兴奋、乐观、激动的第一手资料表达方式，发表演说时，在他脑海中涌现出的第一个人便是戴尔·卡耐基，这个曾经帮他获得巨大成功的真正朋友。

接到电报后，卡耐基略做准备，便匆匆地收拾行装奔赴伦敦。

终于，功夫不负有心人，首场演出获得了轰动性的成功，伦敦的新闻界整天都对此进行报道。

这是卡耐基演讲中一次新的尝试，他心甘情愿地做朋友的助手，帮助朋友的事业取得成功。

初次的成功给他们带来了极度的喜悦。他们开了一个小小的庆功会，汤姆斯端着一杯酒对卡耐基说："为我们的友谊而干杯，为我们的事业成功而干杯！"卡耐基举杯回祝。

以后的演出吸引了越来越多的观众，他们成群结队地前往皇家阿伯特尔大厅，甚至也有不少人从其他城市赶来观看演出。

演出任务完成后，卡耐基满怀喜悦地返回纽约。

对卡耐基而言，友谊的感受是非常深刻的，而他对增进友谊也是全身心地投入的。

如果一个人孤独地在社会上生活，身边没有一个能够信赖的朋友，他的事业是很难成功的。卡耐基事业的成功固然与他自己的艰苦奋斗分不开，但是，亦离不开这些挚友的支持和帮助。

与那些比自己聪明、优秀和经验丰富的人交往，我们或多或少会受到感染和鼓舞，增加生活阅历。因而和志同道合的人做朋友，会让你体味到无穷的乐趣。

君子之交和而不同

子曰："君子和而不同，小人同而不和。"

——《论语·子路》

【释义】

孔子说："君子讲求和谐而不同声附和，小人同流合污而不和谐。"

【智慧解析】

君子、小人在对人对事上为什么会有不同的态度？孔子说："君子讲求和谐而不同声附和，小人同流合污而不和谐。"因为君子尚义，对不合理的事情，就要反对，所以会有不同。小人尚利，对有损于个人利益的事他不会干，对有利于自己的事则不管是否合于正义他都干，所以只能同而不和。

"和"是人际关系的理想状态。孔子在这里所主张的君子之"和"，是在承认对立差异的基础上，寻求双方都可以接受的解决方案，从而使双方共生、共存、共发展。这一"和谐"的思想，不仅可以用于处理人与人的关系，也可以处理人与自然、人与社会的关系。

《三国志·吕岱》篇中有这样一个故事，吕岱有个好友徐原，“性忠壮，好直言”。每当吕岱有什么过失，徐原总是公正无私地批评规劝。徐原的这种做法受到了一些人的非议，吕岱却赞叹说：“我所以看中徐原，正由于他有这个长处啊！”直言敢谏，言所欲言，指出朋友的过失或错误，这样才是对朋友真正的爱护。《诗经》上“如切如磋，如琢如磨”的诗句，也是说朋友之间要互相帮助，互相批评。人非圣贤，孰能无过？有了过失，在别人的帮助下，则可以及时发现并得到改正。

宋代的开国功臣赵普，在原则是非问题上，往往与身为一国之尊的皇上发生争执，虽然他对皇上是尽心竭忠地辅佐，但无论何时，他都始终坚持“和而不同”的原则。

历代做宰相的人，多数都为私利着想，一切言行都要讨皇帝的欢心，绝不触怒皇帝。赵普却把治理好国家看成是自己的责任。在与皇帝发生分歧时，只要他认为自己的意见有利于国家，就会犯颜直谏。

有一次，赵普举荐某人做某官，宋太祖不肯任用。第二天，他还是举荐那人，宋太祖仍然不肯。第三天，他又向宋太祖推荐那人，宋太祖发怒了，把奏章撕碎扔到地上，赵普脸不变色，也不辩白，跪下来拾起奏章碎片就回家了。过了几天，他又把被撕碎的奏章贴好，再次像以前那样上奏，宋太祖终于省悟，认为赵普做得对，就任用了那人。

又有一次，一个大臣应当升官，宋太祖素来不喜欢那人，不同意。赵普坚决提升那人官职。宋太祖发怒说："我就是不给他升官，看你怎么办？"赵普心平气和地争辩说："刑罚是用来惩罚坏人的，赏赐是用来酬劳功绩的，这是古今一致的道理。况且刑赏是天下的刑赏，不是陛下一个人的刑赏，怎能因为您个人的喜怒而独断专行呢？"宋太祖气极了，起身离去，赵普就跟在后面。宋太祖进了皇宫，赵普就站在门口等候。等了很长时间，直等到宋太祖允诺了他才离去。

宋太宗时，赵普再次担任宰相。宋太宗因为听信了弭德超的谗言，怀疑曹彬不遵守法度，要处罚曹彬。赵普知道曹彬冤枉，就为曹彬极力分辩，并且予以担保，使事情真相大白。宋太宗知道真相后叹息说："我听断不明，几乎误了国家大事。"从此，他对待曹彬一如既往。

当然，赵普身为一朝宰相，他做事"和而不同"的出发点是社稷民生；作为普通人，凡事坚持原则，力避同流合污，还是应该能做到的；否则，一旦流于"同而不合"，那就简直与小人相差无几了。

尊重是和谐的前提

子曰："晏平仲善与人交，久而敬之。"

——《论语·公冶长》

【释义】

孔子说："晏平仲善于与人相交，交往的时间越久，别人就越尊敬他。"

【智慧解析】

由以上孔子所言我们可以看出，晏平仲必然是个恪守礼道、尊重他人的贤人，因为尊敬是需要彼此来维持的，简单的道理就是：你尊重别人，别人也会尊重你。正所谓爱人者人恒爱之，敬人者人恒敬之。

现实生活中，很多人开始与别人交往时，以为能够与对方成为朋友；但是随着交往的深入，对方的缺点渐渐暴露出来，不能令人"敬"，自然就不想与他交朋友了。

朋友关系的存续就是以相互尊重为前提的，容不得半点强求、干涉和控制。彼此之间情趣相投、脾气对味，则合、则交；反之，

则离、则绝。朋友之间再熟悉、再亲密，也不能不恭不敬，否则，默契和平衡将被打破，友好关系将不复存在。

有个叫胡明的人常常发牢骚说：“我这一辈子净帮别人了，就没见别人帮我！都说是‘以心交心’我对朋友哪点不够意思了，他们怎么就这么对我呢？”其实，这话胡明应该问问自己，检讨一下自己的处世态度，胡明对谁都是大大咧咧，说话办事不懂得尊重别人，别人给他指出这点时，他又总是一副“这有什么呀”的样子。比如说，小陶的录放机坏了，怎么修也修不好，这时胡明来了，几下就给弄好了。小陶刚说声“谢谢”，胡明却撇了一下嘴，“什么大不了的事！这点小东西都修不好，亏你还大学毕业的呢！就这水平啊！”一句话把小陶噎得开不了口，满腔感激之情也烟消云散了。在单位里也是如此，胡明不尊重别人是出了名的，随便拿走别人的东西，私看人家的短信，说起话来口气生硬，一点也不懂得照顾别人的自尊心……因此，尽管他也帮了别人一些忙，别人却不愿领他的情，大家都说：“宁可不要他帮忙，也不想受他的那份气！”

胡明说话办事太不尊重别人，结果失去了友谊。每个人在人际交往中都希望能得到别人的尊重，如果你做到了这一点，你就会受到大家的欢迎；反之，你就无法得到大家的认同。

与朋友相交，对对方最大的伤害莫过于无视他的自尊，所以，要学会尊重别人。

作为一个社会人，只有尊重了别人，才是尊重了你自己，为自己赢得了尊重。人与人之间的尊重是相互的，而只有彼此尊重了，人与人之间的关系才会更加和谐、融洽。

诚信是安身立命的根基

子曰："主忠信。"

——《论语·学而》

【释义】

孔子说："做人最要紧的是诚信。"

【智慧解析】

一个人立身处事，信用很重要，这是人的名誉的根本，是魅力的深层所在。但信用绝非一朝一夕便可树立，亦不是靠三寸不烂之舌便可建立的，得看实实在在的行动。说得天花乱坠，做起来又是另一套，只会让人更厌恶，更看不起，何谈为人的信用?

要获得众人的信任，铸就自己的信誉，不论你采取何种方法，笃诚、守信及勤劳是最根本的要诀。所以孔子说——做人最重要的是诚信。

有一次，我国一艘海轮通过美国主管的巴拿马运河，可是该船抵达外锚地已是下午4点，这里已有30余艘船正在排队等候通过。如果按先来后到的次序，我国这艘海轮最早也要等到第二天下午才能过巴拿马运河。时间就是金钱。光排队耗费的时间，就会使这艘海轮损失一笔可观的收入。正在中国船员为这件事十分懊丧时，美国方面却通知：中国海轮早上5点起锚，为第二名通过的轮船。

这艘中国海轮为什么会受到优待呢？原来，主管巴拿马运河的美国管理机构十分重信誉。他们从计算机调出的档案资料表明：这艘中国海轮三次经过巴拿马运河，每次都是船况良好，技能颇佳，可信度高，所以决定让中国海轮领头先行。

望着运河中缓缓而行的船队，中国船员想着自己海轮所受到的优待，更觉得"信誉"不但重千金，而且是成功的保障。

人要获得成功，因素有很多，但有一点不容忽视，那就是信誉。优秀的人在追求成功的道路上，从来不给别人留下不诚实和不守信誉的印象。正如有人比喻的：信誉仿佛是条线，一旦断了，想接起来，难上加难！

一所高中，一批高二的学生被要求完成一项生物课作业的过程中，其中28个学生从互联网上抄袭了一些现成的材料。

此事被任课的女教师发觉，判定为剽窃。于是，不但这28名学生的生物课成绩为零分，并且还面临留级的危险。在一些学生及家长的抱怨和反对下，学校领导要求女教师修改那些学生的成绩。这位女教师拒绝校方要求，结果愤而辞职。

这一事件，引起了全社会的广泛关注，成为全市市民关注的焦点。

面对巨大的社会反响，学校不得不在学校体育馆举行公开会议，听取各方面的意见。结果，绝大多数的与会者都支持女教师。

该校近半数的老师表示，如果学校降格满足了少数家长修改成绩的要求，他们也将辞职。

他们认为：教育学生成为一名诚实的公民，远比通过一门生物课程更重要。

被辞退的女教师每天接到十几个支持她或聘请她去工作的电话。一些公司已经传真给学校索要作弊学生的名单，以确保他们的公司今后永不录用这些不诚实的学生。

谁会想到呢，一些中学生的一次作业抄袭行为所引的事件，竟引起轩然大波。

也许有的人会认为这是在小题大做，其实，这样想错了。在这个故事中，我们应该感受到的是“信誉”两个字那沉甸甸的分量。信誉是一个人立足社会的基础，也是一个民族、一个国家立足于世界之根本。一个人可以失去财富、失去机会、失去事业，但万万不可失去信誉。一个没有信誉的人，在这个世界上将会举步维艰。

中国有句古话：“人无信不立。”这里的“信”，就是信用、守

信，如果一个人做事没有一个良好的信誉，是做不成大事的。就是在日常生活中，比如交友、学习、工作，我们也时时刻刻都离不开诚信这种美德。

常怀感恩之心

子曰："伯夷、叔齐，不念旧恶，怨是用希。"

——《论语·公冶长》

【释义】

孔子说："伯夷、叔齐，不计较以前的错误和仇恨，所以心里也没有什么怨恨了。"

【智慧解析】

谁没有与人发生过矛盾？谁没有受过丝毫委屈？区别之处在于，君子绝不会将仇恨深刻于心，让它无时无刻地折磨自己。他们知道，唯有"相逢一笑泯恩仇"的豁达与宽容，才是与人相交的正确之道。

若能像伯夷、叔齐那样，完全放下嗔怪和怨恨，你眼中的世界就变得和平了；当每一个人都放下嗔怪和怨恨的时候，整个世界就变得和平了。

一个有修养的人不同于常人之处，首先在于他的恩怨观是以恕人克己为前提的。一般人总是容易记仇而不善于怀恩，因此有“忘恩负义”“恩将仇报”“过河拆桥”等说法，古之君子却有“以德报怨”“涌泉相报”“一饭之恩终身不忘”的传统。为人不可斤斤计较，少想别人的不足、别人待我的不是；别人于我有恩应时刻记取于心。人人都这样想，社会将会更加和谐。用现在的话讲，多看别人的长处，多记别人的好处，矛盾就化解了。

著名作家阿里有一次和吉伯、马沙两位朋友一起旅行。

3人行经一处山谷时，马沙失足滑落，幸而吉伯拼命拉他，才将他救起。马沙于是在附近的大石头上刻下了：“某年某月某日，吉伯救了马沙一命。”

3人继续走了几天，来到一处河边，吉伯跟马沙为了一件小事吵起来，吉伯一气之下打了马沙一耳光。马沙跑到沙滩上写下：“某年某月某日，吉伯打了马沙一耳光。”

当他们旅游回来之后，阿里好奇地问马沙为什么要把吉伯救他的事刻在石上，将吉伯打他的事写在沙上？

马沙回答：“我永远都感激吉伯救我，至于他打我的事，我会随着沙滩上字迹的消失，而忘得一干二净。”

所谓“我弃功于人不可念，而过则不可不念；人有恩于我不可忘，而怨则不可不忘”。感恩是中华民族传承了几千年的传统美

德，从“滴水之恩，涌泉相报”到“衔环结草，以谢恩泽”，还有我们常说的“乌鸦反哺，羔羊跪乳”，感恩在国人心中有着深厚的文化底蕴，滋养了一代又一代人。

感恩是一种境界，是一种生活态度，是一项处世哲学，更是一种人生智慧。学会感恩，这是做人的基本。感恩不是单纯的知恩图报，而是要求我们摒弃狭隘，追求健全的人格。做人，应常怀感恩之心，记住别人对我们的恩惠，忘却我们对别人的怨恨，唯有如此，我们才能在人生的旅程中自由行走。对人对事，我们若能将恩惠刻在石头上，将仇恨写在沙滩上，那么，我们的精神世界将会异常富足、异常饱满。

宽容对你有恶意的人

或曰："以德报怨，何如？"子曰："何以报德？以直报怨，以德报德。"

——《论语·宪问》

【释义】

有人说："用恩德来报答怨恨，怎么样？"孔子说："那又怎样报答恩德呢？应该是用正直来报答怨恨，用恩德来报答恩德。”

【智慧解析】

人世纷争，难免恩怨。因恩生爱，因怨生恨，会导致人与人之间关系的巩固或破裂。如何处理恩怨，尤其是如何释怨，着实是人生处世的重大课题。“以直报怨，以德报德”作为人生的立世方法，应该说更实用，也更容易施行。别人对不起我，我要是还报他以恩德，那么，那些对我好的人，该怎样报答呢？所以孔子主张，以直道而行，对我好的，我当然对他好；对我不好的，以正直相待即可。

然而大多数人错误地以为，只要我们不原谅对方，就可以让对方得到一些教训。其实，倒霉的人是我们自己：窝一肚子怨气，甚至连觉也睡不好。

如果当你觉得怨恨一个人时，请先闭上眼睛，体会一下自己的感觉，感受一下自己的身体反应，你就会发现：你并不快乐。

一个人爱怎么做就怎么做，能明白什么道理就明白什么道理。你要不要让他感到愧疚，对他差别不大，但是却会破坏你的生活。假如鸟儿在你的头上排泄，你会痛恨鸟儿吗？万事不由人，台风带来暴雨，你家地下室变成一片沼泽，你能说“我永远也不原谅天气”吗？既然如此，又何必要怨恨别人呢？我们没有权利去控制鸟儿和风雨，也同样无权控制他人。

即使遭逢剧变所引起的怨恨，在人性中也依然可以释怀。因为如果你希望自己好好活下去，就得抛开愤怒，宽容地对待来自外界的恶意。

曼德拉因为领导反对白人种族隔离的政策而入狱，曾被关在荒凉的大西洋小岛罗本岛上27年。当时曼德拉年事已高，但看守他的狱警依然像对待年轻犯人一样，残酷地虐待他。

罗本岛上布满岩石，到处是海豹、蛇和其他动物。曼德拉被关在总集中营一个锌皮房，白天凿石头，将采石场的大石块碎成石料。他有时要下到冰冷的海水里捞海带，有时干采石灰的活儿——每天早晨排队到采石场，然后被解开脚镣，在一个很大的石灰石场里，用尖镐和铁锹挖石灰石。因为曼德拉是要犯，看管他的看守就有3人。他们对他并不友好，总是寻找各种理由虐待他。

1991年，曼德拉出狱并当选总统，他在就职典礼上的一个举动震惊了整个世界。

总统就职仪式开始后，曼德拉起身致辞，欢迎来宾。他依次介绍了来自世界各国的政要，然后他说，能接待这么多尊贵的客人，他深感荣幸，但他最高兴的是，当初在罗本岛监狱看守他的3名狱警也能到场。随即他邀请他们起身，并把他们介绍给大家。

曼德拉的博大胸襟和宽容精神，令那些残酷虐待了他27年的人汗颜，也让所有到场的人肃然起敬。看着年迈的曼德拉缓缓站起，恭敬地向3个看守致敬，在场的所有来宾都静下来了。

后来，曼德拉向朋友们解释说，自己年轻时性子很急，脾气暴躁，正是狱中生活使他学会了控制情绪，因此才活了下来。牢狱岁月给了他时间与激励，也使他学会了如何处理自己遭遇的痛苦。

他说："当我迈过通往自由的监狱大门时，我已经清楚，自己若不能把悲痛与怨恨留在身后，那么，我其实仍在狱中。"

宽容对你有恶意的人，只有宽容才能愈合不愉快的创伤，只有宽容才能消除一些人为的紧张。学会宽容，意味着你不会再心存芥蒂，从而拥有一份流畅、一份潇洒。

规过劝善也要有限度

子贡问友。子曰："忠告而善道之，不可则止，毋自辱焉。"

——《论语·颜渊》

【释义】

子贡问对待朋友的方法。孔子说："忠诚地劝告他，好好地开导他，他不听从，也就罢了，不要自找侮辱。"

【智慧解析】

我们知道，有时候交朋友也是一件很难的事。看到朋友有过失，不劝诫，不是一个诤友，这就不够朋友。但是劝告次数多了，引起他的反感，又容易得罪朋友。中国文化中友道的精神，在于

“规过劝善”，这是朋友的真正价值所在。有错误相互纠正，彼此向好的方向勉励，这就是真朋友。但规过劝善，也有一定的限度，尤其是共创事业的朋友更要注意，否则规劝不成朋友翻了脸，得不偿失。

俗话说“人各有志”，你对朋友只能规劝，不能代替他思考，不能代替他行动。孔子就是从这一点出发，提出“忠告善道，不可则止”的方法的。应该说，孔子的主张，确实是交友中必须注意的问题。

三国时期，当袁绍已经打定主意，铁定了心要讨伐曹操的时候，但是田丰却不知进退，死谏袁绍不可以对曹操用兵，并且还指出了袁绍的许多弱点。

袁绍对众文武说：“我很久之前就打算进兵许都，讨伐曹操，但是一直没有找到合适的时机，现在正好赶上春暖花开的时机，恰是出兵的大好时机！”于是就与众文武商议破曹之策。

田丰还没有等到众人开口，就立即劝谏道：“前一时期曹操攻打徐州的时候，许都很空虚，那个时候咱们没去袭击许都，已经错过用兵良机。如今徐州已被曹操拿下了，曹军的士气正盛，咱们可不要轻敌啊！不如再好好观察一段时间，等发现了漏洞再乘机夺取。”

袁绍说：“让我再考虑考虑吧。”

其实，袁绍考虑什么呢，他并没有考虑田丰的建议，而是在考虑如何才能够反击田丰，他扭头的时候一下子就看到了坐在旁边的刘备，心想刘备的家眷在曹操手里，他肯定赞成自己攻打曹操，于是便问刘备说："田丰劝我固守，你有什么看法？"

刘备说："曹操是个欺君的恶贼，明公您如果不出兵讨伐他，恐怕是有失大义于天下啊。"袁绍一听马上就表扬刘备道："你说得太好了。"当即就准备部署用兵之事。

田丰一看自己的良苦用心没有获得认可，立马又再一次劝谏。可是袁绍没有等到他说完就勃然大怒，说："你这等文弱书生就是轻视和害怕用兵，这是害我失去大义啊！"

田丰一听袁绍已完全拒绝了他的建议，还是不肯罢休，进而捶胸顿足地说："你如果不听我的建议，出兵必败无疑！"袁绍听完之后大怒，当时就想把他杀了。经过刘备劝止才没有杀他，把他囚于狱中。

后来战局果然如田丰所料，袁绍战败而归。当田丰听到狱卒兴冲冲跑来告诉他："我军大败而回，主公定会记起先生先见之明而重用先生。"田丰却叹道："吾命休矣，因为袁绍外宽而内忌，一定会羞于见我，必杀之而后快。"袁绍回来后真的就把田丰给杀了。

正直、诚实则要在朋友有过错时"忠告善道"，不可袖手旁观。"忠告善道"却又不能强迫命令，越俎代庖，而是"不可则止"。这样才能做到"君子断交，不出恶声"。朋友之间就是这个道理，夫妻之间难道不也还是这个道理吗？此外，作为老师，用之来处理师生关系，同样也是非常适用的。

孔子与学生交谈的时候，从来都是温文尔雅，非常谦和的。其实，每个人都是一个独立个性的主体，“忠告而善道之，不可则止”，这也是对个体的尊重。要想让一个人能够真正地进步或改正错误，要靠个体自己的认识，而不是别人的强制措施。看到朋友做得不对的事，你要真心地劝告，善意地引导，当然这一切都要在适度的基础上。

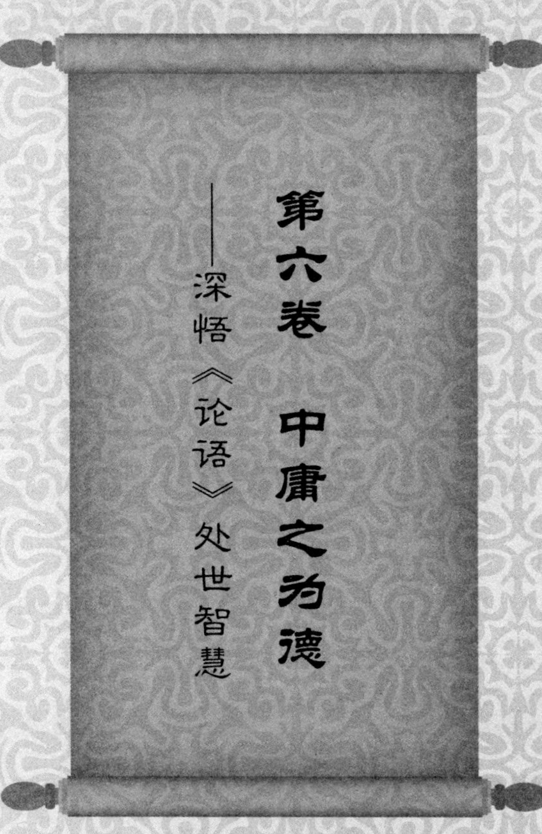
第六卷　中庸之为德
——深悟《论语》处世智慧

锦上添花不如雪中送炭

子华使于齐，冉子为其母请粟。子曰："与之釜。"请益。曰："与之庾。"冉子与之粟五秉。子曰："赤之适齐也，乘肥马，衣轻裘。吾闻之也：君子周急不继富。"

——《论语·雍也》

【释义】

子华出使齐国，冉有向孔子替子华母亲要些小米。孔子说："给她六斗四升。"冉有请求再添一点。孔子说："再给她二斗四升。"冉有却给了她八百斗小米。孔子说："公西赤（子华）到齐国去，坐着肥马驾的车子，穿着轻而暖的皮袍。我听说过：君子只周济贫穷的人，而不接济富有的人。"

【智慧解析】

明代洪应明在《菜根谭》一书中，这样写道："千金难结一时之欢，一饭竟致终身之感。盖爱重反为仇，薄极翻成喜也。"其意为：以千金重礼去馈赠别人，有时亦未必能够打动人心，换得一时欢喜；相反，有时仅仅是一碗饭的恩惠，却能令人感恩戴德，永志不忘。之所以会如此是因为，再多的锦上添花不及困难时的雪中送炭来得可贵。

俗话说，天有不测风云，人有旦夕祸福，人生在世免不了会遇到这样那样的困难，需要人助以克服困难，助人为乐，这是为人立世的本分。但这种助人为乐的举动在对象、时机以及接济的具体内容上也很有讲究。孔子在这里告诉他的学生，也是告诉世人一个原则：在济人利物时，应该务实而不应追求虚名，否则，就会有损于自己的道德修养。怎样做到“周急不继富”呢？区分对象、选准时机、形式恰当等，都是十分重要的。在周济对象上，通过花费千金来巴结权贵和纳容贤士，比不上倾尽自己仅有的半瓢去接济那些饥饿者；通过构建豪华的房舍来招待宾客，又哪能比得上用茅草来覆盖那些破漏的茅屋，以庇护天下的那些家世寒微的读书士子呢？在时机选择上，坚持“雪中送炭”，少搞“锦上添花”，因为“渴时一滴如甘露，醉后添杯不如无”！

中山国的国君宴请都城里的士大夫，大夫司马子期也在座。由于羊羹不够，司马子期没能吃上。他一怒之下，跑到楚国去，并煽动楚王攻打中山，中山君逃走。这时，有两个人提着武器，尾随在他的后面。中山君回过头来问这两人说：“你们为什么跟着我？”两人回答说：“我们的父亲曾经快要饿死的时候，多亏您给了他饭吃，才没有死。父亲在临死的时候叮嘱我们说：‘中山一旦有急难，你们俩一定要冒死去保护。’所以，我们是来保护您，为您献

身的。”中山君听罢，仰天长叹：“给人东西不在于多少，应该在他灾难困苦的时候给予帮助；怨恨不在于深浅，关键的是不要使人伤心。我因为一杯羊羹亡了国，却因为一碗饭得到了两个勇士。”

古人云：“受人滴水之恩，当涌泉相报！”为何回报如此之重?因为这滴水便是活命之水。

济人济他急时无，才能解人“倒悬”之危。作为济人者，这是目的，尽管自己只有一瓢米、十文钱，但在别人急需时，分他半瓢，送他五文，以解他燃眉之急，供他一时之需，使他心里痛快。这才是真正的周济人，诚心地帮助人。

正直做人也别拘于形式

子曰："君子之于天下也，无适也，无莫也，义之与比。"

——《论语·里仁》

【释义】

孔子说："君子一类的人对于天下事世间人，无所谓必定这样做的，也无所谓必定不这样做的，能够作为标准的只有一个，那就是义。”

【智慧解析】

儒家认为，君子立身处世，应完全依据公道、正义来作为行事的基准，而没有主观的偏执和个人私利的考虑。义当富贵便富贵，义当贫贱则贫贱，义当生则生，义当死则死，义理上要求怎样做就怎样做。但同时也强调在这个框架内，并不拘泥于一定的死规矩。这个观点在今天也是有道理的，而且与我们所倡导的社会文明也是相符的，即做事方法要灵活，但一定要以正确、坚定的原则做保证。这既是正确做人的道理，也是成功做事的途径。

真正有远大志向和做事眼光的人，总是会在某种原则的基础之上，运用灵活机动的方法去行事，这既保证了自己的权威和公信力，又不会把事态弄僵。这种古今相通的正确途径，已被越来越多的人奉为立身处世的方法和准则。我们不妨通过下面这个古时的事例，从中得到点有益的启示。

楚庄王得到一匹身材高大、色泽光鲜的骏马，心中高兴得不得了。不想事与愿违，这匹马整天锦衣玉食，患上了“富贵病”，不多日，便一命呜呼了。楚庄王沮丧不已，为了表达对爱马的真情，他决定为马发丧，以大夫之礼下葬。楚庄王的决定一发布，立即遭到众臣的反对，许多忠直之士都以死相谏，但楚庄王主意已定，任谁也奈何不了他。正当群臣摇头叹息之际，突然从殿门外传来号啕大哭之声，楚庄王惊问是谁，左右告之是侍臣优孟。楚庄王立即传令优孟觐见，问道：“爱卿，何事大哭？”

优孟一边擦泪，一边泣诉："堂堂楚邦大国，有何事办不到？有何物得不到？大王将爱马以大夫之礼下葬，非但不过分，而且规格还嫌低。我请大王将爱马以国君之礼葬之，这样诸侯们也会知道大王你重马而轻人，这不是很明智的举动吗？"

优孟的话音刚落，群臣一片哗然，楚庄王却沉默不语，细细品味优孟话中的真意。良久，他低着头慢慢说道："我欲以大夫之礼下葬，确实太过分，但话已传出，现在又能怎么办？"

优孟一听，马上接口道："我请大王将死马交给厨师，用大鼎烹饪，放上姜、枣、椒等佐料，马肉让群臣饱餐一顿，马骨头以六畜之常礼下葬。这样，天下人以及后世就不会笑话您了。"

楚庄王得到了一个台阶下，群臣大吃了一顿马肉，事情也就此了结了。

孟优此做法，从理论上讲完全符合孔子那种"无适也，无莫也"的处世哲学。

优孟侍从楚庄王多年，熟知楚庄王的性情，知道面对此时的楚庄王，忠言直谏、强言硬谏都是行不通的。因此，他在获悉群臣劝谏失败之后，采取一种"正话反说"的策略，先顺着楚庄王之意说下去，自然地露出揶揄、讽刺之意。优孟正是运用"正话反说"的方法，从称赞、礼颂楚庄王的"贵马"精神的后面，烘托出另一相反的却又正是劝谏的真意——讽刺楚庄王"贱人"的昏庸举动，从而把楚庄王逼入死胡同，不得不回头，改变自己的决定。

他心中有是非，又知道强谏无用，是故出此下策。这种既有坚定的原则，又不墨守成规，而是能够根据时、地、条件，决定自己该怎样做才能取得最佳效果的做事方法，是永远不会过时的。几千年前的古人已经能运用自如，作为现代人，既应该接受学习，更应该把它运用到自己的实际生活中去。

做人有底线，做事有目标

子曰："孟之反不伐，奔而殿，将入门，策其马，曰：'非敢后也，马不进也。'"

——《论语·雍也》

【释义】

孔子说："孟之反不喜欢夸耀自己。败退的时候，他留在最后掩护全军。快进城门的时候，他鞭打着自己的马说：'不是我敢于殿后，是马不肯跑快点儿。'"

【智慧解析】

孟之反是春秋时期鲁国人，官至大夫。有一次，鲁国与齐国交战，大败而归，鲁国军队争相撤退回城，逃命之相非常狼狈。孟之反独自率军殿后，当他最后一个撤入城门时，鲁国国君和同

僚纷纷称赞他的勇敢，但是，孟之反却很谦虚地说道：“不是我勇敢，只是我的坐骑太累了，怎么样鞭打它也不肯快走！”

孔子对孟之反称赞有加，而他的那句“非敢后也，马不进也”就是对低调做人、高调做事最好的诠释，令后世之人纷纷效仿。

冯异戎马一生，驰骋沙场几十年，战功卓绝，乃汉光武帝刘秀中兴时期的一员名将。但冯异其人有这样一个特点——每次战斗结束以后，诸将并坐论功行赏之时，他为了避功，将封赏让给自己的部下，总是独自坐在大树下读书思过。因为他的这一举动，军中将他敬称为“大树将军”。冯异有帅才，不骄不躁，虽然战功卓著，但仍非常低调。

更始元年，时为大司马的刘秀率部将王霸、冯异等人历经艰险，攻克邯郸城，擒斩王昌，平息叛乱。冯异在邯郸之战中表现尤为突出，他不畏艰险，克服重重困难，夜不眠休，为夜宿河北晓阳地区的刘秀大军筹措军粮，熬煮稀豆粥，帮助将士解除饥寒，保持战斗力的充沛。

刘秀率军行至南宫时，天不作美，骤降大雨，寒潮之气令人发颤，军士瑟瑟。又是冯异四处奔波，找来大量柴薪引火，让将士取暖烘衣，又送上散发着香味与热气的粥饭，使军士衣干腹饱，重上战场。

邯郸一战，刘秀大获全胜。战后他表彰冯异“功勋难估，当为头功”。然而，正当刘秀召集众将领盘坐旷野、论功行赏之时，军士熟悉的一幕又出现了——冯异离开众人，找到一棵老槐树，坐下来聚精会神地读起了《孙子兵法》。刘秀只得吩咐侍卫将冯异连拉带拽地请到身侧，可冯异仍拒不受赏，实在推脱不过，他便极力将功劳推给自己的一位部将，令这位部将感激涕零。刘秀见到这种情况，又以大量金银为赏，冯异却毫不保留地分给了邯郸之战中表现勇猛的士兵。

青山不语，自是一种高远，些许丘壑又岂能阻断人们仰视它的目光？

大海不语，自是一种广阔，容纳百川的肚量任谁不去艳羡？

低调做人是一种人生智慧，高调做事是一种人生态度！唯有将二者融合在一起，我们才能成就一个涵蕴厚重、丰富充实的人生。

很多人在爬到一定高度时，不是居功自傲，便是骄横跋扈、盛气凌人。其实，宇宙之大、人事之繁，一人之功、一己之才，相对而言又算得了什么？做人若能如孟之反、冯异那般，做事的时候向前冲，力求将事情做到最好，功成以后保持谦虚，不与人争，才真的令人敬佩。

君子不争，争亦循礼

子曰："君子无所争。必也射乎！揖让而升，下而饮。其争也君子。"

——《论语·八佾》

【释义】

孔子说："君子没有什么可争的事情。如果要争的话，也一定是诸如射礼这种事情！但即使要争，也要争得有礼节、有道理，这才是君子之争。

【智慧解析】

世上的问题多起于争。争名，争利，争功，争能，争胜。争并不是坏事，适度的争能促使人向上，促进事业的发展。此外，良性的争还要合乎规矩，不能采取不正当的手段，干损人利己的事。

很多人认为，生活就是一场争斗。实际上这种看法是片面和不足取的。真正的君子，他们从不把心劲、才力浪费在斤斤计较上，更不会本末倒置地去与人相争。他们的胸怀和风度，当然也能使对方折服，假如对方不是一个小人的话。

古龙是万千读者尊崇的偶像，他缔造了一个属于自己的江湖。然而，古龙除了惊世骇俗的才华以外，更有着超越常人的处世智慧和宽广胸襟。

经过多年艰辛打拼以后，古龙终于在文坛拥有了自己的一席之地。武侠小说的一代宗师金庸先生更是对他推崇不已。两人相识之后，就常常结伴同游。后来，古龙因为一些债务原因，手头有些拮据，金庸先生便帮他联系了—个日本的出版商。对方非常欣赏古龙的才华，便邀请二人当面晤谈。

双方见面之后，会谈并没有想象中的那么顺利。因为文化的差异，彼此先是在讨论文学创作上有了分歧，接着，古龙发现对方在客气的外表下总是透着一股傲慢，尤其是对中国当代文学，很有些看不上眼。场面有些尴尬，金庸先生总是大度地微笑着缓和紧张的气氛，古龙的话越来越少，渐渐沉默起来。

酒过三巡，对方的酒兴渐渐高涨起来，不停地催服务生上清酒。古龙和金庸两人都有些不胜酒力了，便开始推辞起来。不料对方忽然露出了鄙夷的神色，一语双关地说道："你们中国的小说家也不过如此嘛！"

金庸连忙转过头，紧张地看着血气方刚的古龙。让他没想到的是，古龙并没有暴跳如雷，而是微笑着缓缓说道："这么小的杯子怎么能尽兴呢？来，换脸盆喝！"说着，他亲自取来三个脸盆摆在大家面前，然后用清酒倒满自己面前的脸盆，高高举起。"干！"说着，他端起盆，仰头就喝了起来，坐在一旁的金庸惊得说不出

话来，日本出版商更是傻了眼。古龙喝到一半，对方连忙跑过来拉住他，嘴里不停地说道："古先生，我佩服你！不要再喝了！"

事后，日本出版商再也没有过傲慢的表现。金庸悄悄问酒醒后的古龙，真的能喝得下那么多酒吗？古龙憨笑着告诉他，其实自己也喝不了那么多酒。只是他一直觉得，对善待自己的人，自己就必须还以善良；对待轻视自己的人，就必须坚决反击，何况是事关作家个人的尊严和民族感情。

从那之后，金庸先生不止一次在朋友面前提起这件事情，并且一再表示，古龙身上的侠气精神让他一生都无法忘记。

古龙的争，不是莽夫之争，而是血性之争，为自身尊严而争，为民族荣誉而争，更加让人佩服一生一世。血性与宽容，是苍鹰的两只翅膀，不争，不足以立志；不让，不足以成功。

"忍让"自然是人生中的一种大修行、大智慧，但所谓忍让，并不是要求我们不分是非，一味地退避、妥协。倘若一件事发生在我们的面前，它触犯了我们的民族尊严、触碰了道德底线、有违我们做人的基本原则，那么我们就无须再忍了。

生活中，有些人为了追逐功名利禄，不惜代价、不顾一切地向前争取。殊不知，有时前面等待你的往往是一堵墙，撞上去就会伤筋动骨；有时前面等待你的就是一个陷阱，跌下去就会万劫不复！

当然，假如是重大或重要的是非问题，自然应当不失原则地争出个青红皂白，甚至可以为追求真理而献身。但在日常生活中，若是因一些鸡毛蒜皮的小事而争得面红耳赤，非要决一雌雄才肯罢休，甚至大打出手闹个不欢而散，岂不是很不应该？

君子之学是为了进德修业，与人无争，与世也无争。孔子以当时射礼的情形，说明君子立身处事的风度。这种风度放之现代亦是毫不过时的，告诉人们不必要的争尽量避免，该争之时亦要有礼节、讲道理。

严于律己，宽以待人

子曰："躬自厚而薄责于人，则远怨矣。"

——《论语·卫灵公》

【释义】

孔子说："一个人如果能够自我反省，责备自己严格，对别人宽松那就远离怨恨了。"

【智慧解析】

通读《论语》你会发现，躬自深省是孔子一贯坚持的观点，当然，亦是古今仁人志士自我修养的一种重要方法。

古训有云：严于律己，宽以待人。严于律己，可以不断提高

自己的修养水平；宽以待人，则是一种胸怀和对他人的尊重。凡事多为别人设身处地地想一想，从而不对犯了可原谅的错的人刻薄责备，更有助于使对方知错而改。

建安三年，曹操率兵东征。一路上，旌旗招展，刀枪林立，浩浩荡荡的大军有条不紊地行进着。

此时正是五月，麦子覆垄的收割季节。由于连年战火，许多田地都荒芜了。随着一阵轻风，飘来了一股股新麦的清香。原来，在队伍的前面出现了一大片黄澄澄的麦地。农夫们正在挥镰，忙着收割。

曹操传令："凡是踩踏麦田者，罪当斩首！"传令兵立即将曹操的命令传达三军。

全军上下，人人都小心翼翼地行进，因为他们深知曹操的为人，担心因为踏一撮麦子而丢了身家性命。所以，士兵们行走时，都离麦田远远的，骑兵害怕马一时失蹄狂奔乱窜，也就纷纷下马，用手牵着马走。队伍在麦田边缓缓地向前移动着。

事情往往就是这样凑巧，"嗖"的一声，一只野兔从麦田里窜了出来，穿过路面，遛到了另一块田里。这野兔刚好在曹操及另外两名军官的马前穿过，把三匹前头大马吓了一跳。由于另外两个将军都下马牵着马缰绳行走的，所以马只是小惊了一下，就给稳住了。曹操此时正坐在马上得意，他的马匹给这一惊，犹如脱了缰的野马，一下子窜进麦田几丈远，差点儿没把曹操给摔下马来。等到曹操回过神来勒缰绳时，一大片庄稼已给踩坏了。吓得那些在田间的农夫们也赶忙躲避，害怕被惊马踩死。

面对眼前这一意外突发事件，大家都惊呆了。曹操命令说："我定的军规，我自己违犯了，请主簿（秘书）给我定罪吧！"

主簿在听了曹操的令后，忙对曹操，又像是对大家说："依照《春秋》之义，为尊者讳，法不加重。将军不必介意此等小事。"旁边的一些军士也跟着附和道："主簿说得对。将军，还是带我们赶快上路吧！"

曹操听后，又见大家已经彻底地倒向他了，稍稍顿了顿又继续说："这样吧，我割下自己的一撮头发来代替我的头颅吧！"

于是，拔剑割下一绺头发，交给传令兵告示三军。

建安五年，曹操与实力最强大的北方军阀袁绍相拒于官渡，袁绍拥众十万，兵精粮足，而曹操兵力只及袁绍的十分之一，又缺粮，明显处于劣势。当时很多人都以为曹操这一次必败无疑了。曹操的部将以及留守在后方根据地许都的好多大臣，都纷纷暗中给袁绍写信，准备一旦曹操失败便归顺袁绍。

双方相拒半年多以后，曹操采纳了谋士许攸的奇计，袭击袁绍的粮仓，一举扭转了战局，打败了袁绍。曹操在清理从袁绍军营中收缴来的文书材料时，发现了自己部下的那些信件。他连看也不看，命令立即全部烧掉，并说："战事初起之时，袁绍兵精粮足，我自己都担心能不能自保，何况其他的人！"

这么一来，那些动过二心的人便全部都放了心，对稳定大局起了很好的作用。

在一个团队中，领导者的行为是下属们的榜样。制度作为大家共同遵守的准则，对领导者的要求远胜他人。领导者只有在制度下身体力行，以身作则，才能维护自己在下属心目中的威信，才能让下属自觉地遵守制度。曹操的做法很值得称赞，他以发代首，维护了军令，保住了威严，焚烧信件，大得人心。这便是对严于律己、宽以待人很好的一种诠释。

宽与严两个看似矛盾的字眼其实完全可以在一个人身上得到完美的结合。我们不妨对自己严厉一点，常审视自己的缺点，及时改正，那么我们的修养自然会得到迅速提升；对别人宽容一点，多去看看他人的长处，宽厚对人，我们的心态自然就会平和很多。

其实，在许多人眼里，成功人士都具有某种他人所没有的特质，若你不具备某种独特的风格，就很难获得别人的尊敬。在此特质中，最重要的一点就是“自我要求”。你是否对自己的要求远甚于他人呢？偶尔，你会站在客观的立场，为对方设身处地地想想吗？这种态度与涵养是我们行走世间所必备的。

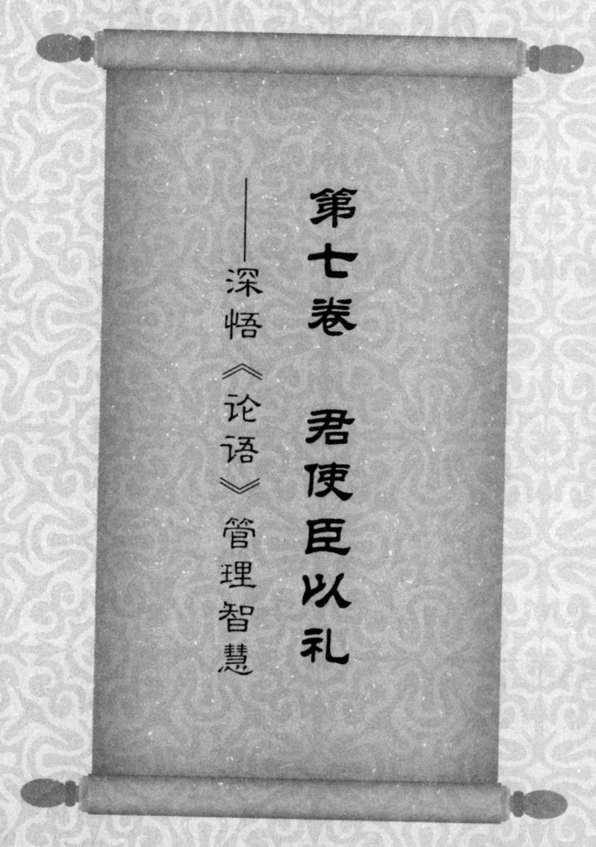

第七卷　君使臣以礼

——深悟《论语》管理智慧

人才是企业的根基

舜有臣五人而天下治。武王曰："予有乱臣十人。"孔子曰："才难，不其然乎？唐、虞之际，于斯为盛。"

——《论语·泰伯》

【释义】

舜有五位贤臣，所以把天下治理得很好。周武王则说："我有十位能治理天下的大臣。"孔子于是说道："人才难得。难道不是这样吗？唐尧、虞舜时期，以及周武王时期，人才最盛。"

【智慧解析】

孔子的人才观念古往今来，都是通用的。

在古代，统治秩序比较稳定的时候，需要守成，尚有人才问题；在动荡的乱世，人才的优劣和多寡则更是直接决定着生死存亡。唐朝名士赵蕤在他的著名的《长短经》中，以古人的论述和历史故事，提出了一个深刻的观点："得人则兴，失士则崩。"

现如今，人才的作用依然更加明显。曾有一位企业家这样感叹：21世纪，就是人才的竞争。其实，人才在一种事业中的地位，从古至今都是至关重要的。无论做什么事，不管是从政还是经商，不仅要自己是个人才，更要能发现人才、重用人才。否则，即使你的事业侥幸有一番小成就，没有人才的支撑，终究是不会长久的。所以说，抓住人才对任何一个企业来说，都是重中之重。

在人才方面，美国西南航空公司就凭借独树一帜的"最佳雇主品牌形象"，吸引和留住了符合企业核心价值观的大批优秀员工。

"最佳雇主品牌形象"是员工对企业文化、管理制度表示认可的一种形式，体现了公司对员工价值承诺，它是一个与客户服务品牌同等重要的内部品牌。在2000年，美国西南航空公司的为每位员工制作了一项，自由"个人飞行计划"，其中包括保健、财务保障、学习与发展、变革、旅行、联络、工作与休闲、娱乐八项内容。通过这一计划，企业向广大员工传达了企业的文化口号："西南航空，自由从我开始。"

美国西南航空公司非常重视每位员工的发展，认为每一位员工都是实现自由承诺的要素。他们通过赢得"最佳雇主品牌形象"的声誉来激励员工，为员工提供充分的自由，不仅使员工与公司之间产生了强大的亲和力，而且有效地激发了员工创造优质客户服务品牌的热情。该公司员工福利与薪酬总监说："我们希望通过自由承诺进一步加强优秀人才的敬业精神，'最佳雇主'这一称号使我们在吸引和留用优秀人才方面获得了更大的竞争优势。"

正所谓：国以才立，政以才治，业以才兴。人才是社会发展的第一资源，重视人才、重用人才是整个社会都在关注并倡导的问题。

是故，管理者必须将重视人才落到实处。那么，何为“落到实处”呢？其关键就在于一个“用”字，这就要看管理者是否敢于重用人才，又能否发挥人才的最大效用，因为“不用”或是“误用”，是毫无意义的。一个团队的人才分配情况，能够直接体现出管理者对于人才的重视程度，能够直接影响团队的效率和发展。人才能否被发现、能否得到重用，这不仅仅是他的个人前途问题，而且会由此引发连锁反应——正确使用人才，能够产生激励效应，让更多的人才竞相表现、脱颖而出；压制或错用人才，会让其他人才心畏、心寒，于是宁愿毫无作为，也不愿成为“出头的椽子”。从古至今，这正反两方面的事例并不少见。

另一方面，管理者对于人才的重视，还需体现在感情上。人毕竟是以感情为主要沟通媒介的，在高速发展的经济社会，人才的流动幅度相当大，以情动人、与人才成为朋友，才能让人才真正感觉到受重视，才是留住人才的最有效方法。

好德行会让人甘心追随

子曰："为政以德，譬如北辰居其所而众星共之。"

——《论语·为政》

【释义】

孔子说："国君用品德教化来治理国家，他就会像北极星那样，泰然处在自己的位置上，使群星环绕着他。"

【智慧解析】

孔子在这里强调的是管理者的个人修养问题。他将管理者的道德及其仁道政治，与政局的稳定和国家的强盛紧密联系在一起，说明了"德"与"仁"强大的感召力和凝聚力。

其实，无论是治国，还是做人做事，高尚的道德品质和非凡的人格魅力都会形成一种像磁场那样的向心力，提升自己的"人气"。周围的人在不自觉中，都会把你当成"精神领袖"和衡量是非价值的"标准"。

1860 年，林肯作为美国共和党候选人参加总统竞选，他的竞

争对手是大富翁道格拉斯。

当时，道格拉斯租用了一辆豪华富丽的竞选列车，车后安放了一门礼炮，每到一站，就鸣炮30响，加上乐队奏乐，气派不凡，声势很大。道格拉斯得意扬扬地对大家说："我要让林肯这个乡下佬闻闻我的贵族气味。"

林肯面对这种情形，一点也不泄气，他照样买票乘车，每到一站，就登上朋友们为他准备的耕田用的马拉车，发表了这样的竞选演说："有许多人写信问我有多少财产，其实我只有1个妻子和3个儿子，不过他们都是无价之宝。此外，我还租有一个办公室，室内有办公桌1张、椅子3把，墙角还有一个大书架，书架上的书值得我们每个人一读。我自己既穷又瘦，脸也很长，又不会发福，我实在没有什么可以依靠的，唯一可以信赖的就是你们。"

选举结果大出道格拉斯所料，竟然是林肯获胜，当选为美国总统。

林肯一向待人以宽。一次，他下令调动某部队作战，可是战争部部长史丹顿却竭力反对。不仅如此，他还破口大骂："这如果是总统的命令，那他就是一个应该枪毙的蠢货！"

此话迅速传到林肯耳中，大家都以为林肯必定会勃然大怒，未曾想林肯只是平静地说："史丹顿很少出错，我应该向他请教一下。"

林肯来到战争部，史丹顿当面指出了他的错误，林肯沉思片刻，在众目睽睽之下收回了成命。

有人曾对林肯说："您不该和那些反对者交朋友，而应该将其消灭！”林肯微笑回道：“我将他们变成我的朋友，不正是在消灭敌人吗？”

林肯是公认的、世界历史中最伟大的人物之一，当然，也是美国历史上最受国民尊敬的总统之一，他在世人的心目中能有如此高大的地位，不是因为权力，也不是因为强势，恰恰是因为他的正直、仁慈和坚韧。

孔子认为，包括为政者在内的每一个人都应该修养身心，养成高尚的品德，让自己能够焕发出人性的光彩，形成强大的感召力。这种感召力不仅仅是有益于国家的，有益于民众的，更是有益于个人的，而这种感召力也能够传承世代，成为后世效法的楷模。

当我们客观而公正地学习孔子的儒家精神就会发现，孔子是以“贬天子，退诸侯，讨大夫”为己任的，简单来说，就是以“讥世卿”为己任的，对为政者提出了“为政以德”的标准要求。

如果我们站在历史的角度来看孔子的德政观点：为政者要求自己以德，民众约束为政者以法，这不正是我们中华民族千百年来所追求的目标吗？

可见，为政以德，并不意味着排斥法律，法律是外在的约束，道德则是内在的约束，唯有内外相合，才是真正客观的思想态度。

别试图靠权力管理员工

子曰："道之以政，齐之以刑，民免而无耻。道之以德，齐之以礼，有耻且格。"

——《论语·为政》

【释义】

孔子说："用行政命令来治理百姓，用刑法来制约百姓，老百姓虽会勉强克制自己避免犯罪，却认识不到犯罪是可耻的事情。用德来治理百姓，用礼来约束百姓，老百姓就知道做坏事可耻而且能自觉不去犯罪。"

【智慧解析】

在当时奴隶制的野蛮情况尚存在的情况下，孔子能说出这样的见解，不但显示了他对于德、礼重要性的充分认识，而且表现了他对"治国之道"的精通。事实上，确实如此，强制只会引起表面的恭顺，暗中却积聚逆反情绪。

权力是管理者表现自己管理手段的体现，但它不代表一切。任何权力都有一定的限制和范围，管理者如果硬要突破这种限制和范围，就会形成“权力扩张”，最终会危及企业及员工的利益。

有的管理者不顾员工的立场，总是以强制命令的方式来压制，这是身为管理者绝对要避免的，因为这样只能徒然增加员工抗逆的心理，而收不到好的效果。

《伊索寓言》中有一则小故事：

一只山羊爬上一户农家的高屋顶上，屋下有一只狼走过。山羊以为自己身居高处，野狼莫奈它何，便骂它：“你这傻瓜，笨狼。”于是，狼停下来说：“你这胆小鬼，骂我的并非是你，而是你现在所站的位置。”

管理不要试图用权力去征服人心，因为一旦这样就会使员工产生不满，抵触情绪加大，反而不利于工作的开展。如果，换位思考一下：假设让员工对管理者的绩效和满意度进行评价会如何呢？如果对管理者的满意度是百分之百，那就是对管理者莫大的支持，更有利于管理者开展工作，员工的工作激情也将如山泉喷涌。

一个真正优秀的管理者，绝不会依靠权力来行事，再说，下属本身也知道要敬重上司，那又何必处处表现出权力呢？管理者若想树立权威，就万万不可过分仰仗权力，因为越想得到、越夸耀的东西就往往离人们越远。如果太仰仗权力，不管什么事都采取强硬手段来压制员工，口口声声说：“我说这么做就这么做！”不厌其烦地一再向人们显示自己的权力，就不能使员工信服。

员工本身就有服从的心理，如果领导者一味以这种强势的态度

对待员工，即使性格温顺的人也会反感。所以管理者不能借助权力压人，要靠本身的威信使人服从、以德服人，要在工作中，通过展现自己，来逐步建立自己的威信，有了威信，大家才信服你。这时，你才具备了无形的感召力，你所做出的决定，才会得到大家的拥护。

以礼用人使员工更忠诚

定公问："君使臣，臣事君，如之何？"孔子对曰："君使臣以礼，臣事君以忠。"

——《论语·八佾》

【释义】

鲁定公问："国君使用臣子，臣子侍奉国君，各应该怎样去做呢？"孔子回答道："国君使用臣子应该按照礼节，臣子侍奉国君应该忠心耿耿。"

【智慧解析】

怎样处理上下级关系，这自古以来就是一个令人头疼的问题。于是，鲁定公问："国君使用臣子，臣子侍奉国君，各应该怎样去做呢？”孔子是这样回答他的：“国君使用臣子应该按照礼节，臣子侍奉国君应该忠心耿耿。”

孔子的解答方案，是要求双方都要有自律精神，这种“礼”和“忠”的双向伦理关系，对于我们今天的生活依然有重要的启发。我们常听到一些人抱怨别人对自己不好，其实他首先应当考虑一下自己是否做到了能够换取对方诚意的礼节，同样地，反过来也应当如此。俗话说将心比心，即使是上下级关系，也要“使人以礼”，因为只有这样，才能换来对方的忠诚。

20世纪50年代末，八佰伴拟贷款2000万日元为员工盖宿舍楼，银行以员工建房不能创效益为由一口回绝。

但是和田夫妇以爱护员工、员工才能努力为八佰伴创利的理由说服银行，终于建起了当时日本第一流的员工宿舍。

那些远离父母过集体生活的单身员工，吃饭爱凑合，和田加津总像慈母一样，每周亲自制定菜谱，为员工做出香甜可口的饭菜。

在员工婚姻方面，她也像关心自己的孩子一样关心他们，先后为97名员工做媒，其中有一大半双职工都是八佰伴员工。

5月份第二个周日是“母亲节”，和田加津想：远离父母、生活在员工宿舍的年轻人，夜里一个人钻进被窝时，一定十分怀念、留恋父母。于是，她专门为单身员工的父母准备了鸳鸯筷和装筷匣。当员工家长在“母亲节”收到孩子寄来的礼物后，不仅给他们的孩子，也给公司发信感谢。一些员工边哭边说：“父母高兴极了！我知道了，孝敬父母，父母虽然高兴，但是只有让父母高兴，

做子女的才最高兴。”

为了加强对员工的教育，除每天班前会之外，每月还定时进行一次实务教育。实务教育中的精神教育包括创业精神、忠孝精神、奉献精神等。和田清楚孝敬父母是与别人和睦相处的基础，把对父母的诚心变成服从上司的领导。正因为能孝敬父母，所以能尊敬上司。所以她总是教育员工要尊重、热爱自己的父母。

日本三多利公司董事长岛井信治郎对员工要求十分严格，部下们都十分敬畏他，但私下里他对部下的呵护，却像一个充满慈爱的父亲一样。有一次，岛井无意中听到店员抱怨说：“我们的房间里有臭虫，害得我们睡不好觉！”于是夜半时分，店里员工都睡着后，他悄悄地拿着蜡烛，从房间柱子的裂缝里以及柜子间的空隙中抓臭虫。公司一名员工的父亲去世，他带着公司同仁前去致意，并亲自在签到处向前来拜祭的人一一磕头。事后，这名员工回忆说：“当时我感动不已，从那时起我就下定了决心，为了老板，即使牺牲性命也在所不惜。”

从上述案例中我们可以看出，这种双向互动在管理中是多么重要。事实上，如果管理者过于冷漠，就极有可能令下属寒心而丧失工作热情，那样，也不可能共同创造出令双方都满意的业绩来。

从细微之处入手，以礼驭下，体现出管理者对于下属的关心。实际上，真正能够取得重大突破、做出非凡业绩的下属，毕竟只是属于少数。而且，即使对这些少数而言，他们也不是总能够做到这一点的。更普遍的情况是，大家每天都在那里默默无闻地工作，而这些工作汇合起来后，便共同成就了管理者的事业。

因此，管理者要注意从细微处着手，多关心、爱护、体贴、理解下属的每一项工作、每一点小小的进步。这样做，是加深管理者与下属之间情感联络的有效途径。比如，下属满怀心事，未必是因为工作不如意或身体不适，有可能是被外在因素影响的。例如家庭纠纷、经济陷于困境、爱情问题等，都会使一个人的情绪产生波动。作为管理者，应予以体谅，并就下属某方面的良好表现加以赞赏，以宽慰他们。

所以，凡是卓越的管理者，都是善于以礼用人，使下属感到自己受到了上级的重视与关爱，感受到心灵的温暖，因而愿意踏实工作、尽己所能，充分发挥自己的潜在力量。

别让个人感情影响管理公正性

子曰："君子周而不比，小人比而不周。"

——《论语·为政》

【释义】

孔子说："君子团结而不勾结，小人勾结而不团结。"

【智慧解析】

在组织管理与用人上，领导人对待下属要一视同仁，唯才是举，给每个人公平的机会。

作为一名管理者，只有充分了解员工的心理愿望，一视同仁、公平公正、大度无私，才能最终赢得员工的信赖。而且只有做到一视同仁，创造一种公平竞争的组织环境，才能赢得下属的信任，吸引大家忠诚地为组织服务，否则一切都是纸上谈兵。

作为管理者，如果不能公正无私地开展工作，只注意到调动一部分人的积极性，就会不可避免地挫伤另一部分人的工作积极性。用人上的不公正、不团结，会引起大家的不满，这是一个公司能否实现局面平稳的重要问题。

一位美国学者及其科研小组以几对卷尾猴为试验对象，进行了一项有趣的实验。

首先，他们给每只卷尾猴一些礼券，并要求它们将礼券递给研究人员，在卷尾猴完成任务以后，会得到相应的食物。试验的最初阶段，每一只卷尾猴都会得到相同的奖励——一根鲜嫩的黄瓜，此时，这些卷尾猴都很愿意配合科研人员完成试验。在绝大多数情况下，它们乐于将礼券交给研究人员，然后高兴地享用自己的食物。

但后来，研究人员将卷尾猴分成了两组，并给予每组猴子不同的待遇——其中一组完成任务以后会得到甘甜的葡萄，而另一组仍然是淡而无味的黄瓜。这样一来，意外发生了，得到黄瓜的那组猴子认为自己受到了不公正待遇，开始抵御实验。原本很乐于接受黄瓜的猴子，在看到另一组同伴在完成相同工作的情况下得到的是葡萄以后，突然不再接受黄瓜。一些“倔强”的卷尾猴开始罢工，不再传递礼券，稍微和顺一些的虽然仍然接受黄瓜但根本不愿意吃。更激烈的状况是，一些猴子会大发脾气，直接将黄瓜扔出笼外。如果其中一只猴子没有做任何事情却得到奖赏，其他卷尾猴的反应更为强烈，80% 以上的猴子会拒绝继续参加试验。

由此可想而知，一旦下属们认为受到了不公平待遇，自己获得的东西少于自己应得的回报，逆反心理就会瞬间激发，心里充满不服。这些反应，会对管理工作造成很大的负面影响。

诚然，人是有感情的动物，然而，事情发展有其自身的规律，如果不能抛开感情的束缚，客观理性地解决出现的问题，结果常常会事与愿违。在管理员工时同样不能感情用事。

我们经常会无缘无故、莫名其妙地喜欢一个人，讨厌另一个人。因为你喜欢这个人，所以和他在一起的时候你就觉得心情舒畅。在评论时总会赞誉有加，而对你不大喜欢的人则往往吹毛求疵，对他的缺点记得很牢，优点却总是忽视。

因此，管理者坐下来进行员工评价时，应先注意自己对下属的感情倾向。在心中应不停地问自己 :“我对这个人看法如何？我喜欢他（她）吗？我不喜欢他（她）？为什么？”如果不能找到足够的原因加以证明，那极可能是受到了潜意识的影响，而这些潜意识形成于一些和工作无关的事。

为了不以私害公，管理者必须高度警惕，做出许多努力，以客

观公正为前提。进行员工评价时，不妨扪心自问："这件事中，有没有我的私情在里面？"或者问一问："这么干，别人是否会觉得我很自私？"在得到满意的答案之后，才可以再大胆地工作。

我们上面讨论的是"心理移情"问题：根据他人引起我们的联想来做出对他的感情判断。你和你的下属在处理相互关系时都不知不觉地有这种现象。

例如：有个下属非常依赖于你，总是不断征求你的意见，未经允许从不敢擅自下决定。而你的弟弟妹妹也恰恰喜欢依赖于你，你习惯于接受他们的求助并给予帮助，这时就可能对那个下属产生积极的心理移情现象，你可能在潜意识当中把他也当作了你的弟弟妹妹之中的一个。

然而，同样是这个属下，也可能使别的上司非常难以忍受或者发怒，对他缺少独立工作能力不能容忍。因为这个上司总是反感他弟弟妹妹的一贯依赖，自然而然也就反感下属的依赖行为，这种心理移情是消极的。

因此，管理者在对某些事情或某个人进行评估之前，必须具备翔实可靠的资料，全面回顾过去一段时间的工作情况，并且明确自己的态度，保持警惕，不要个人感情影响管理的公正性。

做好团队的领头羊

子曰："其身正，不令而行；其身不正，虽令不从。"

——《论语·子路》

【释义】

孔子说："本身品行端正，就是不发命令，人们也会按要求去做；本身品行不正，即使发布命令，人们也不会听从。"

【智慧解析】

"政"者，"正"也。倘若管理者自己不能端正行为做出榜样，他的所谓"命令"就没有人会真正服从；反之，作为一个领导、一个管理者，自己品德端正，率先垂范，自然也就成了引导员工、教育员工等的带有根本性的管理楷模了。即使作为一个普通人，品行端正的效果也是很明显的，它能使一个人在某个群体中自然而然地树立威信。

就像孔子所说的那样："本身品行端正，就是不发命令，人们也会按要求去做；本身品行不正，即使发布命令，人们也不会听从。"

事实上，任何一个团队想要获得成功，其领导者必须懂得自律，他们应是最严格的自我监督者，无论要求什么，都要率先从

我做起。这种精神，会在团队内形成极大的感染力，让下属打心眼里服从，这样的领导，其威信又怎会不高？

三洋公司总裁井植薰常说：“不能制造优秀的自己，怎么谈得上制造优秀的人才？优秀的管理者才能制造出优秀的人，再由优秀的人去制造优秀的商品、更优秀的自己和更优秀的他人，这就是三洋的特色。”

井植薰这种极度体现自律精神的经营哲学，感染了三洋公司的全体员工。他是这么说的，更是这样做的。自打成为三洋的董事长、总经理的那一天起，他就从来没为自己格外制定什么标准，要求别人做到的，他自己首先做到。对于公司的规章制度，他也是极力遵守，从不纵容自己越轨。例如，当时三洋公司推出的力戒“去向不明”政策，井植薰就带头遵守。当时还没有手机等先进的通讯设备，一旦有什么紧急的事情要找什么人员，而他不在公司也不在家，没人知道他的去向时，往往会误大事。所以，针对这一情况，井植薰要求所有的人员外出，必须让公司知道。井植薰每次外出，必定让公司的其中一个人知道他的去处，即使是私事也不例外。这样，这项制度，就在当时的三洋公司推行开来，全体员工没有任何怨言。

井植薰要求员工尽力为公司考虑。他认为，如果一个职工下班后一跨出公司就再不过问公司的事，那他一辈子也不可能被提升到重要的职位。员工应该站在更高的层次上来要求自己、完善自己。在这一点上，井植薰也是这样要求自己的。对于他来说，一天除了睡觉之外，其余时间都在考虑公司的事情。

井植薰在教导员工“如何做”时，总是要求自己能率先做到，正像他在一次谈话中所说的那样：“管理者如果以为公司的规则，只是为普通员工制定的话，那就大错特错了。它应该是公司全部的人都必须遵守的规矩，包括部门经理、总经理、公司总裁、董事长等高层管理者。如果因为自己是高层领导，下面的事有人代替去做，就以为迟到几十分钟无关紧要，那是绝对行不通的。大家都听过上行下效吧？前面有榜样，后面就有跟随者。这种模仿，长久如此便会造成公司上下的懒散作风，这足以让一个前景大好的公司面临失败的深渊。”

有一次，一位记者问他：“您现在年事已高，还这样以身作则，会不会太累？”

井植薰回答道：“再累也得坚持啊！不以身作则，对部属就不可能有号召力和感染作用。我作为三洋的董事长、总经理，在国内有7万双眼睛盯着我看，大家都在注视我的行为，我必须得谨言慎行，不能有半点失误。”

榜样的力量是无穷的，员工随时随地都在看着领导。正是井植薰这种以身作则的表率精神，让三洋公司的员工，都不满足只做好本职工作，从而使每一个提升的人，都成为大家的榜样；榜样又严于自律，努力影响着别的员工，使大家都成为“优秀的人”；“优秀的”三洋人，又生产出“优秀的”三洋产品，三洋企业才得以取得辉煌的成就。

事实上，那些卓越管理者，都是像井植薰先生一样，能够通过自己的榜样作用影响别人的，他们会通过这种方式激励员工跟着

自已冲锋陷阵。他们会以此来鼓舞员工朝着团队的预定目标迈进，给予他们追求成功的力量。

作为管理者，我们不能只满足于分派任务，一定要身体力行、严于自律，才能带领团队努力奋进，实现团队的目标。

孔子所认为的为政者的“修养”，单就为政者、领导者而言，强调通过提高自身素质以取得良好成绩，则不失为一条具有永恒借鉴意义的好原则。

遇难题应身先士卒

子路问政。子曰：“先之劳之。”请益。曰：“无倦。”

——《论语·子路》

【释义】

子路问怎样为政。孔子说：“什么事都做在百姓前面，然后带动百姓去勤奋劳动。”子路请老师再多讲一点。孔子说：“永远不要懈怠。”

【智慧解析】

管理之道，在于以身作则，身教重于言教。时时处处做在前头，身先士卒，办事充满活力，不辞劳苦，要是果真这样了，就不用担心事情做不好。

事实上，古今中外很多出色的领导者都深谙其中的道理，他们总是“先之劳之”“居之无倦，行之以忠”。

有一次，东芝公司的董事长土光敏夫听业务员反映，公司有一笔生意怎么也做不成，主要是因为买方的课长经常外出，多次登门拜访都扑了空。土光敏夫听了情况后，沉思了一会儿，然后说：“啊！请不要泄气，待我上门试试。”

业务员听到董事长要亲自出马，不觉吃了一惊。一是担心董事长不相信自己的真实反映；二是担心董事长亲自上门推销，万一又碰不上那企业的课长，岂不是太丢一家大企业董事长的脸！那业务员越想越怕，急忙劝说：“董事长，不必您亲自为这些具体小事操心，我多跑几趟总会碰上那位课长的。”

业务员没有理解董事长的想法。土光敏夫第二天真的亲自来到那位课长的办公室，但仍没有见到课长。事实上，这是土光敏夫预料之中的事。他没有因此而告辞，而是坐在那里等候，等了大半天，那位课长回来了。当他看了土光敏夫的名片后，慌忙说：“对不起，对不起，让您久候了。”土光敏夫毫无不悦之色，相反微笑说：“贵公司生意兴隆，我应该等候。”

那位课长明知自己企业的交易额不算多，而堂堂的东芝公司董事长亲自上门进行洽谈，使他感到十分受用，故很快就谈成了这笔生意。最后，这位课长热切地握着土光敏夫的手说：“下次，本公司无论如何一定买东芝的产品，但唯一的条件是董事长不必亲自来。”随同土光敏夫前往洽谈的业务员，目睹此情此景，深受教育。

土光敏夫此举不仅做成了生意，而且以他坦诚的态度赢得了

顾客。此外，他这种身先士卒的管理方式，对本企业的广大员工是最好的教育和启迪。东芝公司在土光敏夫的带动下，营销活动十分活跃，公司的信誉大增，生意兴隆发达。

在企业中，管理者本身的行为对员工会产生影响。管理者对工作的狂热，在企业内部会形成一种工作狂热的气氛，这样的气氛便可视为一种非权力影响力，虽然会带给员工压力，但更能激发员工工作的热情，使之更好地为企业效力。

一个管理者如果想事业有成，必须具备一种良好的品德，那就是诚敬自己的职务，不辞劳苦，身先士卒，尽心尽力、毫不厌倦地履行自己的职责。

把权力适当地授予员工

子曰："泰伯，其可谓至德也已矣。三以天下让，民无得而称焉。"

——《论语·泰伯》

【释义】

孔子说："泰伯，可以说是品德最高尚的人了。因为他能屡次以天下相让，让有才有德者居之，他的做法让百姓都不知该怎样称赞他。”

【智慧解析】

对于一名现代管理者而言，授权给员工是一门必修的学问，当然，我们不需要像泰伯那样，但在合适的情况下、以合适的方法将部分权力下放确实是十分必要的。

现代企业，各种事务错综复杂，一个管理者即使三头六臂，也不可能包揽一切。一个高明的管理者，其高明之处就在明确了下级必须承担的各项责任之后，授予其相应权力，从而使每一个层次的人员都能司其职，尽其责。管理者除了做出必要的示范外，一般对部属无须干预太多，不宜事无大小一律过问。

有的管理者担心部属把事情弄糟，在授权时常常犹豫不决，甚至宁愿自己动手去做，这样领导就难以摆脱琐事的纠缠，同时又使下属无所适从，得不到锻炼。

某公司的赵经理把当月的公司生产计划交给了生产部的薛经理，并且要求她全权负责生产计划的实施工作，当然也包括在生产计划实施过程中的人员调配、原料供给等工作。

当薛经理接受到任务之后，就很快对生产计划中所需要的人员进行了调配，对一些机器设备也进行了检查，工作看起来一切顺利。

就这样过去了一周时间，当公司赵经理来生产部门视察的时候发现第一周的生产量就已经完成了整个生产计划的三分之一。结果赵经理非常生气，就把薛经理叫了过来：“你说你是怎么搞的，第一个星期就完成了这么多，工人过度劳累，机器过度磨损可

怎么办?”

于是薛经理就听从了赵经理的意见，有意把生产速度给降了下来，可是第二周的工作汇报会议上，赵经理发现产量居然比第一周降低了四分之一。这下子赵经理又不愿意了，他埋怨道：“小薛，你说你是怎么回事，这周的产量怎么会下降这么多呢？你要加强对生产部门的管理啊，不然生产计划可能就无法按时完成了。”薛经理听完赵经理的这些话之后，真的不知道该怎么办了。

授权并不是一件简单的事情，一定要掌握一些方法。如果从科学的角度来看，授权其实是一种人才的合理作用。

如果能够把自己手中的权力适当地授予员工，从而让员工感觉到自己得到了领导的信任，这样更能提升员工工作的积极性和整个团队的凝聚力与竞争力。

充分授权就是说领导向下属授予权力的时候，并不是明确说明赋予下属哪种权力，而是让下属在工作过程中，在领导认可的范围之内自由发挥和利用好手中的权力。这样一来，下属就能够更好地实现自我，在精神上得到很大的满足，从而可以让下属一些好的想法得到施展。

当然，管理者授权时还要考虑：哪些权力是必须保留而不下授的？一般说来，管理者至少要保留以下几种权力：事关公司前途的重大决策权，直接部属和关键部门的人事任免权，监督和协调各个部属工作的权力。这些权力均属管理者本人工作范围内的职权，不宜下授。

管理者在权力授出之后，还必须加强对部属工作的检查和协调，以观察部属能否正确使用所授予的权力。管理者只要能掌握一套强有力的检查控制系统，运用行之有效的检查控制方法，就能保证部属各司其职，各尽其责，使各项工作得以高效地开展。

人才大多有较强的自信心和自尊心，有成就感和荣誉感，有通过自己的努力去完成某项工作或某种事业的心情和愿望。因此，管理者在授予他们某项权力后应该充分信任他们。

授权之后就放手让他们在职权范围内独立地处理问题，使他们有职有权，创造性地做好工作。对他们的工作除了进行一些必要的领导和检查外，不要去指手画脚，随意干涉。无数事实证明，这是一项用人要诀。信任人、尊重人，可以给人以巨大的精神鼓舞，激发其事业心和责任感，而且只有上级信任下级，下级才会信任上级，并产生一种向心力，使管理者和被管理者和谐一致地工作；相反，当一个人的自尊心受到伤害时，他就会本能地产生一种离心力和强烈的情绪冲动，影响工作和同事关系。

授权与信任密切相关。一个管理者，如果不相信下级，那么就很难授权给下级，即使授了权，也形同虚设。有的领导一方面授权给下级，一方面又不放心，一怕他不能胜任，二怕他犯错误。对有才干的人还怕他不服管，具体表现为越俎代庖，包办了下级的工作；越权指挥，给中层领导造成被动；不懂某方面的专业知识，却干涉下级的具体业务，甚至听信谗言，无端怀疑下级等，凡此种种，都会挫伤下级的积极性，不利于下级进行创造性的工作。

总之，管理者要学会正确合理地授权给员工并在授权后要信任员工。

管理者要选贤任能

哀公问曰："何为则民服？"孔子对曰："举直错诸枉，则民服；举枉错诸直，则民不服。"

——《论语·为政》

【释义】

鲁哀公问道："怎样做才能使百姓服从呢？"孔子答道："把正直的人提拔出来，放在邪曲狂妄的人位置之上，百姓就服从了；若是把邪曲狂妄的人提拔出来，放在正直的人位置之上，百姓就会不服从。"

【智慧解析】

喜欢正直的人，憎恶奸邪的人，是人心所向。"选贤任能""任人唯贤"，并放对位置，无论是一国之尊还是企业管理者，似乎个个都明白，但经验告诉我们，明白归明白，但真正实行起来却难讲了。

所以，管理者必须有明辨是非的眼光和正直无私的心怀。否则，一旦出现"亲小人远贤臣"的情形，不但会使局势危险，也会陷人民群众于苦难之中。

唐玄宗李隆基初登大宝之时，曾励精图治，他严格遵守太宗皇帝李世民“去奢省费，轻徭薄赋，选用廉吏，使民衣食有余”的定国之策。在用人这个关键问题上，他亦是将“用廉不用贪，选用德才兼备者而以德为先”作为唯一标准。这种情况下，他先后选拔出姚崇、张说、张九龄等一班德才兼备之人为辅佐的大臣。然后以他为主，以这几位大臣为辅，严格考核文武官员及地方官吏，大整吏治，绝不马虎。

一次，他将吏部刚刚选定的数十个县郡官吏全部召进宫中，当面考核，并当场筛掉40余名不合格者，就连负责选吏的两位吏部大员也受到严厉处分，被贬职外调。

另外，李隆基对于官员贪腐也深恶痛绝，一经发现，绝不姑息，即便是心腹重臣也不例外。宰相姚崇在拥立和辅助玄宗方面居功至伟，为官又极其清廉，李隆基对他甚为信任倚重。但姚崇晚年对于两个儿子有些放任自流，他的儿子在社会上交了很多朋友，收了很多赠礼，而姚崇又为一个因受贿获罪的下属说情，于是李隆基便准许姚崇辞去宰相之职，并对受贿者严罚不误。

正是由于李隆基前期善于选人用人，又能以身作则，励精图治，于是，开创了一个空前繁荣安定的盛世——开元盛世。

然而，晚年的李隆基却愈发昏庸起来。他专宠杨贵妃，任人唯亲，口蜜腹剑的李林甫和市井屠夫杨国忠先后为相，二人结党营私，贪赃枉法、陷害忠良，弄得朝堂之上乌烟瘴气；他远君子而亲小人，于是小人纷纷登场，酷吏吉温与李林甫、高力士、杨国忠、安禄山相勾结，坏事干尽，而他却置若罔闻……

他重用安禄山，不设防范，终于爆发了安史之乱。李隆基逃离都城长安，向四川境内奔去，行至马嵬坡，三军不前，极力要求处死祸国殃民的佞臣杨国忠，李隆基没有办法，于是杨国忠被乱刀砍死，但三军仍不前行，要求处死杨贵妃。李隆基纵有千般不舍，也只能忍痛割爱，赐杨贵妃自缢而死。强盛的大唐王朝经历这一暴乱以后，由盛至衰，从此一蹶不振。

毋庸置疑，人才才是企业生存的根本，而管理的关键也就在于怎样去用人。倘若管理者手下有人、善用人、能够用对人，企业就有了一切；若管理者不会用人，甚至将奸佞之徒放在了重要的位置上，企业就会失去很多。

是否爱惜人才、重用人才，是衡量一个管理者是否具有基本管理素养的重要标准。而这一点，往往透过管理者身边之人就可以看得出来。因为，管理者“用一个好人，别的好人就都来了；用一个坏人，别的坏人也跟着来了”，所以，一个优秀的管理者必是“亲君子远小人”的。

管理者只有做到任人唯贤、唯才是举、知人善任，才能充分调动下属的积极性，激发下属的才能，团队上下才能齐心协力，去创造辉煌。

根据员工特点匹配职能

子路问："闻斯行诸？"子曰："有父兄在，如之何其闻斯行之？"

冉有问："闻斯行诸？"子曰："闻斯行之。"

公西华曰："由也问闻斯行诸，子曰'有父兄在'；求也问闻斯行诸，子曰'闻斯行之'。赤也惑，敢问。"子曰："求也退，故进之。由也兼人，故退之。"

——《论语·先进》

【释义】

子路问道："听到一件合于义理的事，立刻就去做吗？"孔子说："父亲和兄长在，怎么能听到了就去做呢？"

冉有问道："听到一件合于义理的事，立刻就去做吗？"孔子说："听到了应该就去做。"

公西华说："仲由问听到一件合于义理的事，立刻就去做吗，您回答'还有父兄在'；冉有问听到一件合于义理的事，立刻就去做吗，您回答'听到了应该立刻就去做'。我感到迷惑，我大胆地请问这是什么缘故呢"孔子说："冉求易畏缩不前，所以我鼓励他

进取；仲由好勇过人，所以提醒他退让些。”

【智慧解析】

人的能力参差有别，性格也各有不同。即使都是人才，也有专长之别，真正的贤者，就应该知人善任，孔子在教育弟子时，就很注重因材施教，冉求做事退缩，就鼓励他大胆前进；仲由好勇冒失，所以教育他遇事退让一步。

管理者在任用下属时，亦应如此，要掌握每一个下属的优缺点，将其分配到合理的岗位上，扬长避短，让每一个人的才能都能够为企业所用，使整个团队充满活力和拥有强大的战斗力。

潘永志毕业于财政大学，在校期间所学的专业是计算机应用与维护，毕业以后他又顺利通过公务员考试，来到某机关单位任职。当时，该单位财务部门有一空岗，上级领导遂将其安排到财务处任出纳一职。

但是，潘永志并不懂会计专业，这让他工作起来感到无所适从，虽然每天都在努力学习，每天都忙得焦头烂额，但仍不时地遇到麻烦。

上级领导看到他焦急狼狈的样子，便将其找去谈话，一问方知此人虽然是财政大学毕业，但所学专业与所做工作并不对口。为此，领导特意为工作中的疏忽对他表示歉意，并将其调到信息科，负责单位网站建设和微机管理工作。自从进入信息科以后，潘永志如鱼得水，工作起来得心应手，样样工作都做得井井有条、有声有色，圆满出色地完成了领导交代的各项工作，并多次受到表扬。

正所谓“骏马能历险，犁田不如牛；坚车能载重，渡河不如舟。”用人，最怕的就是才非所用，一个人倘若处于不适合自己的位置上，就会像案例中的小潘那样，忙得焦头烂额却无所适从。

作为一名管理者，必须切实掌握下属的能力特长，要做到心中有数。然后再根据工作性质、特点的要求，选用合适的人才，在岗位安排上做到扬长避短，并依据工作中暴露出来的问题随时予以调整。

要做到这一点，首要的问题是认准、把握“才”字。所谓“才”，就是说看员工适合什么，是适合于跑销售，还是适合于做行政；是适合搞宣传，还是适合做策划等。这些特质会通过性格、气质、兴趣、能力等方面来体现。“才”可以用两个方法去识别：一是观察法。通过言谈举止观察下属在性格、气质、志趣、能力方面有哪些特点；二是运用谈话的方式去了解下属的志趣和特长。

作为管理者，只要能够严格按照量能授职、因才任人的原则来用人，就能极大地发挥出每个人的特长。

要有宽宥下属过失的胸怀

子曰："居上不宽，为礼不敬，临丧不哀，吾何以观之哉？"

——《论语·八佾》

【释义】

孔子说："居于上位，待人不宽厚；执行礼制，不庄重认真；遇到丧事，不悲哀。我怎么能看得下去呢？"

【智慧解析】

领导者一定要有容人之量。对此，孔子也提出了自己的观点，他认为居于上位者应宽厚待人。也就是说管理者要有容他人之胸怀，要能宽容下属的一些过失。

事实上，历史上很多优秀的领导者，在一些无关紧要的事情上他们都"无比糊涂"，不会把下属逼得每日战战兢兢、如临深渊、如履薄冰。但是当遇到大事情的时候，或者是触犯了原则的时候，他们则是绝对不允许的。

以本田宗一郎来说吧，他不仅是一位著名的企业家，而且是一位不断完善自己和周围人的德行的人。他通过实施一套独特而又恰当的管理方法，激发了职员们不怕失败、敢于向自我挑战的勇气。1954年4月，宗一郎将自己亲自制定的《我公司之人事方针》发表在公司的报纸上，公开表示要关心职工，并和他们交朋友，聆听他们的意见，让职工拥有充分的自由，有和干部辩论的权利……

1959年，宗一郎开始了迈向世界的第一步，创办了“美国本田技研工业公司”。川岛被任命为公司的负责人，时年39岁，还有两名年轻的助手分别为小林隆幸和山岸昭之。对川岛一行的这次出征，本田公司的领导层内担心者不在少数。但宗一郎对川岛等深信不疑。然而，川岛一行出师不利，在前六个月的时间里，收效甚微，仅仅售出200台摩托车，且未收到货款。

宗一郎得悉这一消息后，没有对川岛一行严厉斥责，而是提示他们了解美国摩托车市场的交易规律，还有美国居民的消费心理，改变营销策略，继续开展业务。到了1961年年底，本田公司在美国已拥有500家销售点，进军美国市场已初见成效。

给年轻人提供施展才能的机会，不怕他首战失利，也不怕暂时的利益亏损，重要的是激发他的潜能，运用他的聪明才智，为企业发展注入新鲜活力，是本田宗一郎一贯的用人思想。其做法充分展现了一个企业家的宽阔胸怀和容人之量。这就是本田公司能够发展壮大的原因之一。

对于部下或同事的失误，不能抓住不放、小题大做、四处宣扬，而要以诚感人，用“爱语”纠错。当他人遭受失败时，如果

不假思索地进行呵斥，只会激起失误者的逆反心理，不利于事情的发展。合理的做法是用柔和之词去启发劝导他修正错误。如此，失误者才会心悦诚服地接受你的见解。

其实，一名领导者若能宽宥下属的某些过失，能够宽大为怀，容人之过，念人之功，谅人之短，扬人之长，就必然会得到下属的支持，更加有效地调动下属的积极性，为企业创造更多的财富。

第八卷　敬其事而后其食

——深悟《论语》工作智慧

能力是职业发展的保障

子曰："工欲善其事，必先利其器。居是邦也，事其大夫之贤者，友其士之仁者。"

——《论语·卫灵公》

【释义】

孔子说："一个做手工或工艺的人，要想把工作做好，做得完善，应该先把工具准备好。"

【智慧解析】

对于一个职场人士而言，倘若你想要在工作中有所建树，那么，先将专业做通、做精是必要的条件。

然而，现实生活中，很多人总是喜欢抱怨自己怀才不遇，未能人尽其才，甚至因此不思进取、自暴自弃，最终无所事事。俗话说得好，"三百六十行，行行出状元"，为什么一块普通铁块，既可能成为将军手中的利刃，也有可能成为一块锈迹斑斑的废铁呢？答案很简单，前者精于本业，不断锤炼自己的专业技能，后者不思进取，只求草草谋生。

戴尔·卡耐基曾经说过："与其抱怨别人不重视我们，不如反省自己，不断提高自己的能力。"倘若我们能够在自己所处的领域中，以饱满的热情、以一丝不苟的态度、以不断进取的精神，去迎接看似枯燥乏味的事业，相信你就一定能够实现自己的人生价值。

多年以前，一位大学生被派往新斯科舍省进行勘测。这片土地非常贫瘠，到处是花岗岩和鹅卵石，进行工作时只能完全依靠徒步行走。这里几乎没有肥沃的土地和珍贵木材，乍看上去，它根本不值得人们如此艰辛地加以勘探，因为似乎没有什么发展前景可言。很显然，这位青年面临着一系列考验，但他始终秉持原则，尽最大的努力去从事这项工作。

即使在10年以前，调查所及的1550平方英里的范围内，也不过居住了26个人而已。此后不久，人们在这里发现了黄金，这个重要矿脉线索使人们认识到，要想成功地找到黄金，需要调查人员做出精确的勘测。后来，专家们在青年人已经取得的成果上继续勘探，他们不断、反复地试验，以确定黄金矿脉的准确位置。在他们非常细心地完成这份工作以后，政府最优秀的勘测员宣布——我们已经没有必要再进行这项工作了，因为那位青年人在这一方面所得出的每一个结论，都达到了最高水平。

你想了解这位年轻大学生细心调查完"新斯科舍"后的人生

经历吗？他就是威廉·道森，如今蒙特利尔市麦吉尔大学的教授。因为精心于自己的工作，他的人生取得了极大成功。

要完成某项工作，需要的是技术；要努力使它变得完美，则是一门艺术。

无论处于何种境地，无论我们所从事的事业是多么琐碎，一旦承担下来，就要把它做精、做好。要知道，只有在小事上细心勤勉的人，才能被委以重任；只有竭尽全力投身于工作之中，不断超越、完善自身能力的人，才能够有所成就，才能够进一步发展和提升自己。

人的力量和才能，只有在不断的运用中才能得到发展。如果你只付出了一半的努力，并就此满足，那么你就浪费了另一半才能。如果你认为自己完全可以从事更重要的工作，而现阶段你的工作又微不足道，那么，你完全不必为此感到伤心和烦躁。要知道，如果你具备非凡的才能和卓越的品质，不管你的地位多么卑微，终有一天你会抓住机遇，实现自己的人生价值。

先做贡献再谈收获

子曰："事君，敬其事而后其食。"

——《论语·卫灵公》

【释义】

孔子说："事奉君主，要认真办事而把领取俸禄的事放在后面。"

【智慧解析】

我们为什么读书？为什么工作？不只是为了自己吃饭，更是为了对社会、国家有所贡献。

孔子"敬其事而后其食"的观点，不仅表现了他严格要求自己，始终把社会责任放在首位的高远境界，同时对于世人也是有益的劝诫。它是人类维持社会正常秩序、人生实现其社会价值的重要信条。人与社会之间，是相互依存的关系，在人与社会这种相互依存的关系中，每个人首先应该想到为社会做贡献，多做贡献，然后再谈收获。

身在职场，我们同样应该秉持这种工作态度。对待工作，如

果你付出的越多，你得到的就越多。所以，工作中不要有“三天打渔，两天晒网”“拿多少钱，做多少事”的想法。

有一个大学生小李毕业后在一家科研单位上班，工作很长一段时间后还是个小小的助手。每天守着那些瓶瓶罐罐，干些洗洗涮涮、扫地倒水等简单的体力劳动。小李怎么也想不通，逐渐就有些自暴自弃了：凑合干下去吧，等合同期一满，就走人，这破地方不可久留。

但此后不久，一件意外的小事刺激了他：和他同学校毕业比他早两年来的师兄因为平时工作勤奋认真，被任命为课题组长。小李平时和他关系不错，那位师兄从来不像小李那样抱怨，相反，他总是安慰小李要把目光放长远一些，不要只看眼前利益。

小李平时总对师兄的劝告不以为然，现在似乎有点明白了：我以前怎么老有那么多不切实际的幻想呢？一个刚毕业的学生，没有任何社会经验，没有参加过多少实践活动，单位凭什么信任我、对我委以重任呢？平时还总是自诩有远大的抱负，其实，在别人眼里只是个既不踏实又很幼稚的牢骚鬼罢了。

小李终于回到了现实之中，不再总是抱怨怀才不遇了。他逐渐发现，自己平日看不起的简单工作，实际也能使自己学到很多东西：工作时经常与老板见面，很多时候能亲眼看见他们是怎么做工作的，好像并没有自己当初想象的那么复杂。他感到自己真的有了进步，并且这种进步是脚踏实地的。

很多人都埋怨自己的运气不好，别人那么容易成功，而自己却总是在成功的边缘打转。其实，他们不知道，失败的原因正是他们自己。他们不肯在工作上集中全部心思和智力，做起事来无精打采、萎靡不振；他们没有远大的抱负，在事业发展过程中也没有排除障碍的决心。试问，这样怎么能成功呢？

一个人要想适应未来社会的发展并走向成功，就要扮演好自己的工作角色。无论担任何种职务，做什么样的工作，都负有相应的责任，这是社会法则，这是道德法则，这也是心灵法则。公司既然支付薪金聘请你，就自然认为你所承担的工作别人无法替代，你的劳动成果的重要性是毋庸置疑的。在职业生涯中，努力工作是最基本的要求，每个人不仅要做好本职工作，更应该努力多做一点。机会总是偏爱那些有准备的人。

不管是在商业界还是在艺术界或体育界，那些知名的、出类拔萃的人与其他人的区别在哪里呢？回答是“就多那么一点点努力”。虽然只是多了一点点的努力，但是这一点点，可不是每个人都能做到的。

很多人把工作与酬劳计算得清清楚楚，多一分的力气都不愿意去付出，或者说做了就得有回报。其实，这是极其不对的。无论是工作还是生活，人们还是应该要少一些功利，多一份责任心以及对工作的赤诚之心，先做贡献再谈收获。

苦心打磨自己的实力

子曰："君子食无求饱，居无求安，敏于事而慎于言，就有道而正焉，可谓好学也已。"

——《论语·学而》

【释义】

孔子说：君子不求吃得饱足，不求住得安逸，勤于做事而言谈谨慎，向有道的人学习，辨明是非，就可以称得上是好学了。

【智慧解析】

孔子认为，志向远大者不仅要有勤学好问的精神，而且要有不纠结于饮食、穿衣、住房等"俗务"的毅力和能力。对于一个已确立了崇高追求目标的人来说，吃饭穿衣是为了活着，而活着不是为了享受吃饭穿衣的饱暖安逸。而且，一个人只有把自己的全部精力都倾注到事业上来，才能做到办事机敏果决，不断改正错误，不断进步。

现实生活告诉我们，人若过份追求物质的享受，就会渐渐被它软化、腐蚀，以致让自己沉迷其中、不可自拔。所以，必须在一开始就要有警惕性，并且用远大的事业目标来冲淡并取代它在生活中的地位，一心一意地打磨自己，培养自己的实力。

曾经有一个人很不满意自己的工作，他愤愤地对朋友说：“我的老板一点也不把我放在眼里，在他那里我得不到重视，我就那么一点薪水，也没有好的待遇。改天我就要辞职。”

“你对于那家贸易公司完全清楚了吗？对于他们做国际贸易的技巧完全搞通了吗？”他的朋友反问。

“没有！”

“我建议你好好地把他们的一切贸易技巧、商业文书和公司组织完全搞通，甚至连怎么排除影印机的小故障都学会，然后，再辞职不干。”他的朋友建议，“你把他们的公司当成免费学习的地方，什么东西都通了之后，再一走了之，不是既出了气，又有许多收获吗？”

那人听从了朋友的建议，从此便默记偷学，甚至下班之后，还留在办公室研究写商业文书的方法。

一年之后，那位朋友偶然遇到他，说：“你现在大概多半都学会了，可以准备拍桌子不干了嘛！”

“可是我发现我近半年来，老板对我刮目相看，最近更是委以重任！”

“这是我早就料到的！”他的朋友笑着说，“当初你的老板不重视你，是因为你的能力不足，却又不努力学习；尔后你暗下苦功，

担当重任，当然会令他对你刮目相看。只知抱怨老板，却不反省自己的能力，这是人们常犯的毛病啊！”

你想得到重视，必须要有出类拔萃的实力才干才行，这样才算找准了让别人重视自己的关键。让老板重视你的最好做法，就是用真本领武装自己。得到别人的肯定，要靠自己的实力去实现。

许振超曾是青岛港一名普通的桥吊司机，他凭借苦学、苦练、苦钻，练就了一身绝活儿，在数万人的港口里成为响当当的技术“大拿”，进而成为闻名全国的英雄人物。

许振超的“无声响操作”，偌大的集装箱放入铁做的船上或车中，居然做到了铁碰铁不出响声，这是许振超的一门绝活儿，其实他之所以创造这种操作方法，是因为它可以最大程度地降低集装箱、船舶的磨损，尤其是降低桥吊吊具的故障率，提高了工作效率。实践证明，它是最科学也是最合理的。

有一年，青岛港老港区承运了一批经青岛港卸船，货物为化工剧毒危险品，这个货种特别怕碰撞，稍有碰撞就有可能引发恶性事故。当时，铁道部有关领导和船东、货主都赶到了码头。为确保安全，码头、铁路专线都派了武警和消防员。泰然自若的许振超和他的队友们，在关键时刻把绝活儿亮出来了，只用了一个半小时，40个集装箱被悄然无声地从船上卸下，又一声不响地装上火车。面对这轻松如“行云流水”般的作业，紧张了许久的船主、货主们爆发出了欢呼之声。

许振超是位创新的探索者，他的认识很朴素：我当不了科学家，但可以有一身的绝活儿。这些绝活儿可以使我成为一名能工巧匠，这是时代和港口所需要的。就是凭借着这样的一种信念，许振超的“技术口袋”里的绝活儿愈来愈多了。

在企业改制过程中，不少人下岗，其中不乏有中专、大专学历者，而许振超以初中的学历，硬是靠关键时刻能打硬仗的绝活儿成为一个大型企业的员工楷模。

所以，要想赢得难得的机会，就必须勤学苦练，培养自己的才能，壮大自己的实力，只有这样才能获得机会的垂青。

用勤奋铺平职场道路

叶公问孔子于子路，子路不对。子曰：“女奚不曰：‘其为人也，发愤忘食，乐以忘忧，不知老之将至云尔。’”

——《论语·述而》

【释义】

叶公向子路问孔子是个什么样的人，子路不答。孔子（对子

路）说："你为什么不这样说：'他这个人，发奋用功连吃饭都忘了，快乐得把一切忧虑都忘了，连自己快要老了都不知道，如此而已。'"

【智慧解析】

在人刚开始面对自己的人生时，无论是学习、工作，还是对某个目标的追求，必然要有一个需要强迫自己适应的阶段。但只要能把勤奋上进变成习惯和常态，进而找到追求的乐趣，整个过程和丰硕的结果都会让人从内心里感到快乐满足。一旦沉浸于自己所喜欢的事情中，人们同时也不会对时光的飞速流逝感到遗憾和恋恋不舍。这是一条通向成功的必然途径，同时也是获得精神愉悦和满足的源泉。

孔子就是如此，他发愤时竟忘记吃饭，快乐时就忘记了忧愁，甚至把自己快要老了这件事也不放在心上。他对于学习的这种态度，是很值得职场人士借鉴的。

倘若一个人在工作中能像孔子求学那样，不遗余力，甚至废寝忘食，他就一定能够做出出色的成绩。

自从进入NBA以来，科比就从未缺少过关注，从一个高中生一夜成为百万富翁，他的知名度在不断上升。洛杉矶这座城市对谁都充满了诱惑，但科比却说："我可没有洛杉矶式的生活。"从他宣布跳过大学加盟NBA的那一刻他就很清楚，自己面对的挑战是什么。

每天凌晨4点，当人们还在睡梦中时，科比就已经起床奔向跑道，他要进行60分钟的伸展运动和跑步练习。上午9:30开始的球队集中训练，科比总是最少提前一个小时到达球馆，当然，也正是这样的态度，让科比迅速成长起来。奥尼尔曾说过，从未见过天分这样高，又这样努力的球员。

十几年弹指一挥间，科比越发得伟大起来，但他从未降低过对自己的要求，挫折、伤病，从未使他放弃过。右手伤了就练左手，手指伤了无所谓，脚踝扭到只要能上场就绝不缺赛，背部僵硬，膝盖积水……一次次的伤病造就出来的只是更强的科比·布莱恩特。于是你看到的永远如你从科比口中听到的一样——只有我才能使自己停下来，他们不可能打倒我，除非杀了我，而任何不能杀了我的就只会令我更坚强。

当然，想要成功绝不是说一句励志语那么简单，那些相同的话与他同时代的很多人都曾说过，但现在我们发现，有些人黯然收场，有些人晚景凄凉，有些人步履蹒跚……始终坚持的只有科比。

“在奋斗过程中，我学会了怎样打球，我想那就是作为职业球员的全部，你明白了你不可能每晚都打得很好，但你不停地奋斗，就会有好事到来的。”这就是科比，那个战神科比。

在很多时候，我们似乎更倾向于一种“天才论”，认为有一种人天生就是做某某的料，所以在某一领域尤为突出的人，时常被我们称之为“天才”。譬如科比，你可能认为他就是个篮球天才，的确，这需要一定的天赋，然而这都不是最关键的，天才真正的名字是勤奋。

人人都知一分耕耘，一分收获。然而，依然有很多人想着不劳而获，但这最好只是想想，千万不要把它也当成梦想。真正的梦想，需要汗水来浇灌。有耕耘才会有收获，有付出才会有好结果。“成事在人”，这是俗语，也是真理。一件事、一项事业，人是最根本的因素。你用什么样的态度来对待工作，工作就会给你相应的回报。如果以勤付出，回报你的，也必将是丰硕的果实。

职场越位是大忌

子曰：“不在其位，不谋其政。”

——《论语·泰伯》

【释义】

孔子说：“不在那个职位上，就不要去过问那方面的政事。”

【智慧解析】

一般来说，上司做出的决策往往都是经过深思熟虑的，他需要下属对决策的尊重，需要下属不折不扣地执行。

作为一个下属，学会尊重上司的决定是第一要诀。不管你职位多高，你都不能忘记一点：你的工作是协助上司完成经营决策，而不是制定决策或左右决策。因此，上司的决定，即使不尽如你意，甚至和你的意见完全相悖时，你也得学会服从。孔子说："不在那个职位上，就不要去过问那方面的政事。"这一点，很值得职场人士加以注意。

其实，大多数上司都希望自己的下属充满活力与冲劲，而不会希望下属暮气沉沉。执行上司的决策，并不意味着你是一个毫无主见的下属，也不意味着你将失去工作中的活力。但你应该知道，工作上的活力与冲劲亦不过是外在形式，最主要的还是要完成上司分派的工作。否则，上司会认为你不够成熟，做事不够稳重，自然也不敢把重要的工作交给你。

"糟了！糟了！"张经理放下电话，就叫了起来："那家便宜的东西，根本不合规格，还是原来林老板的好。"接着，张经理狠狠捶了一下桌子："可是，我怎么那么糊涂，竟写信把他臭骂一顿，还骂他是骗子，这下麻烦了！"

"是啊！"秘书韩小雨转身站起来，"我那时候不是说吗？要您先冷静冷静再写信，可您不听啊！"

"都怪我在气头上，想这小子过去一定骗了我，要不然别人怎么那样便宜。"张经理来回踱着步子，指了指电话，"把电话告诉我，我亲自打过去道歉！"

韩小雨一笑，走到张经理桌前："不用了！告诉您，那封信我根本没寄。"

“没寄？”

“对！”韩小雨笑吟吟地说。

“嗯……”张经理坐了下来，如释重负，停了半晌，又突然抬头，“可是我当时不是叫你立刻发出吗？”

“是啊！但我猜到您会后悔，所以压下了。”韩小雨转过身，歪着头笑笑。

“压了三个礼拜？”

“对！您没想到吧？”

“我是没想到。”张经理低下头去，翻记事本，“可是，我叫你发，你怎么能压？那么最近发往美国的那几封信，你也压了？”

“我没压。”韩小雨脸上更亮丽了，“我知道什么该发，什么不该发……”

“你做主，还是我做主？”没想到张经理突然站起来，沉声问。

小雨呆住了，眼眶一下湿了，两行泪水滚落，颤抖着、哭着喊：“我，我做错了吗？”

“你做错了！”张经理斩钉截铁地说。

韩小雨被记了一个小过，是偷偷记的，虽然公司里没人知道，但是一肚子委屈的韩小雨，再也不愿意伺候这位“是非不分”的张经理了。

她跑去孙经理的办公室诉苦，希望调到孙经理的部门。“不急！不急！”孙经理笑笑，“我会处理。”隔两天，韩小雨一大早就接到一份解雇通知。

看完这个故事，你也许会疑惑：韩小雨明明救了公司，他们居然非但不感谢，还恩将仇报，对不对？如果说“对”，你就错了！

正如张经理说的：“你做主，还是我做主？”

假使一个秘书，可以不听命令，自作主张地把经理要她立刻发的信，压下三个礼拜不发，“她”岂不成了经理？以后交代她做事，谁能放心？再进一步说，自己部门的事，跑去跟别的部门经理抱怨，这工作的忠诚又在哪里？所以韩小雨不但有错，而且错大了。

办公室是一个团体，作为上司，一定有其管理原则和经营目的。下属的责任，就是要在这一管理原则下，让自己的工作做得更好，这样才能协助上司完成经营目标。

如果每个人都只按自己的想法去做，那么，这个办公室将会变成什么样子？没有统一的经营观念，没有制度的约束，做什么事情都是各人随心所欲，不用想也知道，用不了多长时间这个公司就会垮掉。

所以，身为下属切忌擅作主张，只有把这个问题搞清楚，你才能与上司和谐相处，才能更好地完成自己的工作。

有了错误就要勇于承认

子曰："丘也幸，苟有过，人必知之。"

——《论语·述而》

【释义】

孔子说："我真幸运，如果有了过错，人家一定会知道。"

【智慧解析】

虽然，孔子在这里所犯的"错误"并非是疏忽或无知，但他依然胸怀坦荡地接受了别人的批评，并以此而感到幸运。这种为人的气量和态度无疑值得人们去学习。讳疾忌医、掩饰自己的缺陷，对自己有什么好处呢？也许人们都知道"不好"，但从心理上总是转不过弯来，这其实是一种"糊涂"的表现。真正的君子，不但会像孔子那样，而且也总会有意识地进行自我监督。这样，才能不断地获得进步。

"我不知道""我错了"。这两句话是为人下属者最不敢、也不愿讲的话。他们生怕讲出来后会被领导小看或责骂，其实不然，说出来，只会让领导觉得你更真诚、更值得信任。

在这个世界上，天才很少，全才更是没有，每个人都有自己的特长，也有自己的弱项。在某一方面薄弱并不是什么可耻的事，勇敢地把它说出来，会让人觉得你更诚实，而不是无能。

当领导跟你讨论或交代某件事情，而你恰恰没想过这事或还没考虑成熟，切不可不懂装懂地胡侃或胡乱地应承下来。因为，你的说法是经不起推敲的，它会让上司觉得你是胡说八道，甚至对你说过的、知道得很清楚的东西都产生了怀疑。胡乱应承下来更是后患无穷，你没有明白其中的意图或对其真实情况都不熟悉甚至不知道，这事你怎么做？

这时候，说一句“我不知道”“我还不太清楚”都会显得你严谨踏实、谦虚谨慎。这句“不知道”会让你了解更多的信息，或者得出与你的想法的比较，以利你选择更有效的方法。

沃勒是一位美术设计师，他为约翰逊总统设计一份宣传品后，突然接到了总统的电话，说设计有点问题。沃勒急忙赶到，看完宣传品后果然发现了一处错误。于是沃勒说：“总统先生，您说得对，我错了，我没有任何理由为自己辩护，我应该做得更好，我很抱歉。”

总统却开始莫名地为他辩护起来：“你是对的，不过，你确实犯了一个错误，只是……”沃勒打断了他的话，说：“任何错误，都可能造成很大的损失，而且任何错误都会令人不快。”总统想插话，但沃勒继续讲道：“您给我这个机会，您应该是满意的，因此，我把它重做一遍。”

“不！不！”总统立即表示反对。“这仅仅是一个细节问题，并且也没有造成损失，你只需做些局部改动就可以了。”

之后，总统又把新的任务交给了沃勒。

这样看来，承认自己所犯的错误会帮你解脱麻烦。沃勒承认错误的急切心情让总统火气顿消，纠正错误的诚恳态度又让总统不忍心为难他。

做错了事情，勇敢地承认往往还会给你带来心理上的轻松，认错能有效地消除内心的愧疚，让你丢掉思想包袱，这不也是一件好事吗？

工作中出了差错，明知无论如何都要受到批评，多数人都会为自己的错误辩护，而勇于承认错误才应是君子之道。

古语云：“知错能改，善莫大焉。”但要“能改”，得先“认错”，所以我们认为敢于说“我错了”，也是“善莫大焉”。因为认识到自己的错误，承认自己的错误，就是承认自己在哪些方面有欠缺，就会加以纠正和弥补，从而沿着正确轨道走向成功。

每个人都非全才，当犯了错时，就要勇敢地承认。

忠诚也要以正直为前提

子曰："所谓大臣者，以道事君，不可则止。"

——《论语·先进》

【释义】

孔子说："作为大臣，必须要以大道来辅佐君主，如果行不通，宁可不做这个大臣了。"

【智慧解析】

孔子一生的追求都是做个"君子"，从内心鄙视小人，所以，他在从政为官方面一向主张"仁治"，希望为官、当权者能够内外兼修，提高自身的修养，以便更好地推行仁道。于是他认为，没有修养好就让人去做官，是"贼夫人之子"。所以他主张——以道事君，不可则止。意思是说：作为大臣，必须要以大道来辅佐君主，如果行不通，宁可不做这个大臣了。

孔子在这里所讲的是为臣之道，亦即关于下级如何处理与上

级之间的关系时的一个原则。毫无疑问，一个组织的力量很大一部分就来自于上下级之间和谐的配合。作为下属，有责任、有义务来建立和维持这种和谐。但是在碰到一个冥顽不化、刚愎自用的上司时，无法依照自己的原则施展才干，或者被威逼做一些违背道义的事情，那么，宁可辞职不干，也不要委曲求全。孔子的一段为官经历，也正验证了他自己的主张。

夹谷之会过后不久，孔子以司寇之职而摄行相事，即代替鲁国执政之卿，管理鲁国最高的行政事务。这是由于鲁定公在夹谷会盟之后对孔子更加信任，对其才华也更加赏识的缘故。

大权在握的孔子，踌躇满志，准备着手改变鲁国国君虚位，三桓擅权，而三桓又受其家臣控制的政治格局，重建君臣有道的政治秩序。他向鲁定公进言："依照周礼，大臣不该拥有私人的军队，大夫不该拥有百雉之城。"这是针对孟孙氏、叔孙氏、季孙氏而言的，因为他们分别占据着城（今山东宁阳县境）、城（今山东东平县境）和费城，孔子的这番话，对鲁定公很有利，他表示赞同。

于是，孔子派出学生中最有军事才干的子路到季孙氏家当总管，开始有步骤地实施史称"堕三都"的大事。这一年是公元前498年。

虽然，由于各方面的阻力，这个行动没能完全实现预定的目标，可是，孔子毕竟在重建传统的政治秩序方面取得了一些胜利。面对着外交和内政上的成绩，孔子从不沾沾自喜，很注意自己的道德修养。平时在乡里人面前，他仍保持着谦虚淳朴的作风；在朝廷中议事时，则滔滔不绝，但又很慎重；对待上级，持公正不阿的态度，对待下级，则和悦近人。在孔子的理想一步一步地变成现实的情况下，其中隐伏的矛盾和危机也正在一步一步地向他逼来。

在“堕三都”之后不久，季桓子就不信任子路了。子路原是孔子派往季孙氏家当总管的，是“堕三都”的主要指挥者之一。当时季桓子接受子路，是想利用孔子来剪除公山不狃这股异己势力。因此，一旦公山不狃被击溃，再经公敛处父的话的点醒，季桓子就对子路深怀疑忌了。因此，孔子的一名学生公伯寮在季桓子面前讲了子路的很多坏话，季桓子都听信了。有个叫子服景伯的人将这一情况告诉了孔子。孔子淡淡一笑，坦然地说：“我的理想如果能实现，那是命该如此；如果不能实现，那也是命该如此。公伯寮怎能改变命该如此的事情呢？”这说明，孔子从季桓子不信任子路这件事预感到自己的政治生涯可能要发生逆转，自己的政治理想也许是命中注定不能在鲁国实现了。

失望的阴影越来越占据着孔子的心：鲁定公和季桓子迷恋于声色犬马之间，怠于政事，这和齐国的阴谋有关。齐国统治者眼看孔子参与鲁国政事后，鲁国不断走向清平、稳定和强大，更加担心起来，此时又有人向齐景公道：“孔子主政，鲁国必会强大到称霸诸侯的地步。要是鲁国称霸了，我们与鲁国相邻，必然会最先遭到吞并，不如先设法破坏他们的图强措施，以阻止他们的发展。”于是齐景公在国内挑选了80个漂亮的能歌善舞的少

女。让她们穿上华丽的衣裳，并配上30辆华丽耀眼的马车，每辆车由四匹披挂五彩缤纷的骏马拉着，一起送给鲁国。这些美女和马车暂时停留在曲阜南门外，许多人都跑去围观，轰动一时。季桓子乔装前去偷看了三回，越看越想看，越看越爱看。在季桓子的怂恿下，鲁定公借巡视为名，也整天泡在南门外，沉醉在那些歌舞里，从此也不理朝政，并疏远孔子，不再乐于接受孔子的劝谏。

子路忍不住气，说："老师，我们可以离开了！"孔子说："再看看吧，鲁国不久就要春祭天地了，如果鲁定公遵守礼法，能把典礼后祭肉分送给大夫，就表明仍有可为，那么我们还可以暂时留下。"

可是，祭天过后，祭肉并没有送给孔子和各大夫。终于，孔子眼看鲁君已无道，便绝望了，他怀着沉重的心情辞去了职务，率领着一批弟子离开了鲁国的国都，另觅实现其理想的国度。

"不可则止"不是一个缺乏毅力、缺乏自信者逃跑的借口。如果我们能客观地、历史地来总结古代思想，应该说"以道事君，不可则止"这一思想，既体现了孔子重道义、轻功利的原则，同时也反映了孔子高瞻远瞩地把握时代特征、灵活机动地处事为臣的气魄和能力。

做下属理应忠诚，但绝不能盲目，如果不管对错，凡事都听命于上司，那么倘若他下的命令背离正道，又该如何处理？

作为一名企业职员，对于公司应该绝对地忠诚。但是，“忠诚”也要有前提，倘若你所在的公司只是求利，不求发展，又或从事一些不道之事，那么，你完全没有必要与其一起沉沦。莫不如另谋高就，寻求更大的发展。